Des artistes

Il a été tiré de cet ouvrage :
vingt-cinq exemplaires sur papier de Hollande,
numérotés de 1 à 25,
et cinquante exemplaires sur papier du Marais,
numérotés de 26 à 75.

OEUVRES D'OCTAVE MIRBEAU

Chez le même éditeur :

LA PIPE DE CIDRE.

LA VACHE TACHETÉE.

CHEZ L'ILLUSTRE ÉCRIVAIN.

UN GENTILHOMME.

Paris. — L. MARETHEUX, imprimeur, 1, rue Cassette.

OCTAVE MIRBEAU

Des artistes

PREMIÈRE SÉRIE
1885-1896

PEINTRES ET SCULPTEURS

DELACROIX, CLAUDE MONET,
PAUL GAUGUIN, J.-F. RAFFAELLI, CAMILLE PISSARRO,
AUGUSTE RODIN, etc.

PARIS
ERNEST FLAMMARION, ÉDITEUR
26, RUE RACINE, 26

Des artistes

AQUARELLISTES FRANÇAIS

Chacun sait qu'il existe, depuis sept ans, une
société de peintres qui, sous le nom d'aquarellistes français, exposent dans les galeries de
M. Georges Petit quelques tableaux ressemblant
vaguement à des aquarelles. Ces peintres pensent assez généralement qu'il n'y a rien de si
beau dans le monde que leurs expositions, et on
les dit fort méprisants de tout ce qui n'est pas
eux. En dehors de ce petit groupe, très infatué
de son mérite, il n'y a pas d'art, du moins c'est
ce qu'ils prétendent, et le public qu'ils attirent
le prétend aussi.

Il faut l'avouer tout de suite, ces peintres ont
la vogue. Ils font partie des fournisseurs qu'un
gommeux ou une femme élégante doit avoir. On

leur commande des tableaux, comme on commande
des chemises à Doucet, des robes à Félix, des bot-
tines à Hazard, des chapeaux à Mme Virot. Ils sont
chics, et leurs signatures constituent ce qu'on appelle une bonne marque. Le prince de Galles, qui
est un critique d'art fort distingué, les approuve;
ils ont l'estime des grands clubs et des plus
renommés rastaquouères, et chacun d'entre eux
dîne à tour de rôle chez le baron de Rothschild,
ce qui est aujourd'hui le dernier mot du succès,
et la définitive consécration de la gloire.

De fait, ce n'est pas les aquarellistes français
qui froisseront jamais les susceptibilités des
gens du monde. Tous gentlemen, je vous assure.
Ils savent comment un tableau doit se com-
porter, en un salon, et ce n'est pas eux qui lui
feront jamais faire un accroc à l'étiquette mon-
daine, ni un pied de nez à la mode. C'est propre,
luisant, soigné, parfumé, au point que l'on dirait
que « ce n'est pas fait à la main ». Ce qu'il y a
de curieux, c'est que tous ces tableaux semblent
sortir de la même parfumerie et l'on s'étonne,
tant ils sont pareils les uns aux autres, de voir
au bas des marques de fabrique différentes. Ce
qui charme surtout les gens du monde, c'est
l'abondance du détail. Un tableau, pour eux,
n'est excellent qu'à la condition qu'aucun détail
n'y manquera; ils ne pardonnent pas qu'un
artiste puisse négliger le moindre plan et la
plus petite lumière, la fleur d'une étoffe, le

dessin d'un tapis, le luisant d'un meuble. Il faut
que les cheveux soient peints un par un, qu'on
compte toutes les feuilles d'un arbre et toutes
les herbes d'une prairie; si l'on sent de la chair
sous un habit, du sang sous la peau, une palpitation de vie, un frisson quelconque, dans un
coin de campagne; si les hommes ne sont pas en
bois, les forêts en zinc, les ciels en carton, c'est
manquer à la bienséance et au bon goût. L'affé-
terie, le maniérisme, voilà ce qui leur plaît. Ils
ne veulent pas, devant un tableau, avoir les
sensations que donne la vie; ils veulent avoir
la sensation que donne le théâtre, qui est une
déformation de la vie. Est-ce étrange vraiment,
et vraiment affligeant qu'une œuvre d'art les
épouvante et les écœure, et qu'ils n'aient d'admiration que pour les fadaises mal peintes, les
inventions enfantines, et l'horrible banalité des
mièvreries bourgeoises?

Eugène Delacroix a écrit quelque part : « Une
nation n'a de goût que dans les choses où elle
réussit. Les Français ne sont bons que pour ce
qui se parle et se lit; ils n'ont jamais eu de goût
en musique ni en peinture. La peinture mignarde
et coquette est la seule qu'ils aiment. Les maîtres
sérieux comme Le Poussin, Le Sueur, Puget, ne
font point école chez les Français. La manière
les séduit avant tout ».

Cette observation est malheureusement fort
juste, et jamais nous n'aurons en France une

éducation artistique qui nous permette d'honorer
de leur vivant nos grands artistes toujours mé-
prisés et de mépriser ces petits barbouilleurs
toujours honorés.

**

L'exposition des aquarellistes n'est ni pire, ni
meilleure cette année que les autres années. Elle
est exactement aussi puérile et aussi dénuée
d'intérêt. A l'exception des aquarelles d'Harpignies, d'Heilbuth et de John Lewis-Brown, on ne
peut rêver rien de plus mauvais et l'on voit tout
cela à la Foire, sur les bâtons de sucre de pomme,
et dans les boutiques sur les pains de savon.

M. Vibert, que l'on s'acharne à traiter de spirituel, nous montre toujours ses cardinaux et ses
évêques. Il a vraiment bien l'âme d'un vaudevil-
liste et il ne connaît en peinture que le couplet et
le calembour. Il s'imagine recommencer Voltaire,
parce qu'il aura de sa lourde patte plaisanté des
curés et donné des figures grotesques à ses prélats.
Cela ressemble aux chansonnettes d'autrefois, que
les épiciers athées et les commis-voyageurs fre-
donnaient jadis au dessert, la panse pleine et le
rire abêti par le vin. M. Vibert continue à lui
tout seul cette tradition usée.

La maison Detaille et Cie, fournisseur des cours
étrangères, tient toujours avec le même succès la
confection des costumes militaires. Elle fait aussi
sur mesure. Cette année, elle travaille exclusive-

ment pour la Russie. Modèles authentiques, garantis sur factures. Elle promet une prime de cinquante francs à celui qui découvrira qu'il manque un bouton à une tunique, un passepoil à un pantalon, un porte-mousqueton à une giberne.

M. de Neuville nous montre encore des scènes de la guerre. On se demande à quel métier ce peintre aurait bien pu se vouer si l'Empire n'avait pas déclaré la guerre, et l'on peut croire que la guerre n'a été déclarée que pour permettre à M. de Neuville de se faire quelques mille livres de rentes en en reproduisant quelques épisodes. Dans sa *Destruction du télégraphe*, il est difficile de mettre une couleur plus désagréable et plus fausse sur un dessin plus grossier, ou plutôt sur une absence plus complète de dessin. Le reste à l'avenant.

M. Maurice Leloir. — Parfumerie, ganterie. — La meilleure pâte épilatoire se vend à la parfumerie Leloir. — Eau de toilette Leloir rafraîchit le teint et resserre les tissus de la peau. — Teinture sans acide. — Poudre de riz de toutes marques. (Demandez le prospectus.)

Mme Madeleine Lemaire. — Fleurs et plumes. — Mannequins pour couturières.

M. Worms. — Grand déballage de castagnettes. — Lot de guitares. — Solde défraîchi de mantilles.

Jean Béraud. — Articles de Paris, poupées

mécaniques, polichinelles articulés. Demandez le
jouet de l'année.

Lambert. — Tond les chiens, coupe les chats
et les oreilles. V'là! v'là le tondeur!

Quant à M. Le Blant, son biniou est usé ; il
fera bien de se servir d'un autre instrument.

Ce n'est pas la peine d'insister, je pense, sur les
œuvres de MM. Guillaume Dubufe, Adrien
Moreau, Edouard de Beaumont et les autres, sur
les paysages gourmés de M. Français et les impressions ratées de M. Zuber, car on ne peut parler
sérieusement de ces choses. Là où il n'y a rien,
la critique perd ses drois et la plaisanterie devient
trop facile.

L'œil n'est consolé que par de jolies études au
crayon de M. Cazin, des dessins de Jean-Paul
Laurens, dont on oublie, dans ce milieu, la sécheresse de sentiment et le romantisme froid, et,
comme je l'ai dit plus haut, par les paysages
d'Harpignies toujours secs, toujours durs, mais
où flotte néanmoins un parfum d'art délicieux à
respirer en cet endroit où l'on ne respire que
l'odeur des poudres de riz rancies. Les deux
tableaux d'Heilbuth prennent aussi une importance et un charme qu'on ne leur trouverait
peut-être pas ailleurs ; et les aquarelles de Lewis-
Brown, claires, vibrantes, d'une facture large,

d'une impression juste, où le détail est noyé dans la masse et la masse dans l'air ambiant, vous font oublier un instant le convenu correct, l'élégance ennuyeuse, la vie figée qui les entoure. C'est avec joie qu'on sort de cette exposition et qu'on retrouve le vrai ciel, la vraie lumière, et le monde qui passe dans la rue, et le mouvement qui gronde, et la vie qui palpite.

(La France, 7 février 1885.)

AUGUSTE RODIN

On sait que le futur Musée des arts décoratifs
doit être construit sur les ruines incendiées de la
Cour des Comptés, s'il plaît à Dieu et surtout au
hasard des loteries ; c'est-à-dire si les frais généraux et même particuliers, inséparables de la
mise en œuvre de toute loterie qui se respecte,
laissent les quelques sous nécessaires à l'achat
des pierres de taille et à la pose des charpentes.
Pourtant, bien que l'architecte n'ait pas encore
remis ses plans et devis, la partie spécialement
artistique a été commandée et les sculpteurs
choisis travaillent déjà avec acharnement. Cela
ferait croire qu'on a vraiment l'intention d'édifier
ce palais ; et, si une loterie n'y suffit pas, on en
émettra une autre, ou plusieurs autres, suivant
les besoins.

Au nombre des commandes faites, figure une
porte monumentale dont le sculpteur Rodin

achève, en ce moment, les études. On ignore
encore quelle place occupera cette porte, si c'est
à l'intérieur du Palais, ou à l'extérieur, mais, ce
qu'on sait déjà, c'est qu'elle constitue un important et magnifique travail. Ceux qui ont pu
admirer dans l'atelier de l'artiste les études
achevées et celles en cours d'exécution s'accordent
à dire que cette porte sera l'œuvre capitale de ce
siècle. Il faut remonter à Michel-Ange pour avoir
l'idée d'un art aussi noble, aussi beau, aussi
sublime.

Auguste Rodin est à peu près inconnu ; il n'a
pas le quart de la célébrité de M. Chapu. Il y a à
cela quelques raisons. Rodin est un grand artiste.
Il a horreur des coteries et vit peu dans le monde.
Comme il ne va pas à la réclame, la réclame ne
vient pas à lui. Il vit, presque obscur, ainsi que les
forts et les solitaires, au milieu des imaginations
et des rêves de son génie, et, dédaigneux de la
gloire fugitive qui, le matin, entre par la porte et
sort, le soir, par la fenêtre, il se contente de faire
des chefs-d'œuvre que ses amis admirent et que
la postérité, qui ne se trompe jamais, a déjà
marqués de son estampille éternelle.

C'est à Rodin qu'il arriva une aventure qui
résume, d'une façon éclatante et définitive, la
malhonnêteté et la bêtise des jurys. Il avait
envoyé au Salon une statue : *l'Age d'airain.* Mais
il y avait dans cette œuvre une telle puissance de
vie, une expression si éloquente de la beauté et

de la force corporelles et — qu'on me pardonne ce mot, — une odeur si franche d'humanité, que le jury décida que cette statue était un simple moulage. Il la refusa, ne voulant pas admettre que l'art seul pût emprunter à la nature des formes aussi parfaites et aussi vraies, et que le génie de l'homme fût assez créateur pour animer, de la sorte, un bloc de marbre et lui donner, avec une telle intensité, le frisson de la chair et le rayonnement de la pensée. Pourtant, l'année suivante, le même jury fut bien obligé de recevoir un admirable buste de Victor Hugo, car il était assez difficile de prétendre que notre grand poète eût laissé mettre sur son visage des poignées de plâtre humide sans le savoir, ou du moins sans protester.

Rodin parle de ces choses sans amertume, avec un calme souriant et résigné, s'étonnant seulement que des gens qui se disent des artistes, mettent tant de passion aveugle et méchante contre un homme dont la vie tout entière est faite de conscience, de respect et de sacrifices.

Il faudra bien cependant que le parti-pris des jurys se taise et s'incline devant l'œuvre gigantesque entreprise par Rodin, qui nous aura donné un pendant à la porte du Baptistère de Florence, celle de Lorenzo Ghiberti dont Michel-Ange disait qu'elle mériterait d'être la porte du paradis, car ce sera la porte par laquelle il entrera, malgré les académies, dans l'immortalité.

Le sujet, choisi par l'artiste, est l'*Enfer*, du Dante. Il est encadré par d'exquises moulures dont le style appartient à cette époque indécise et charmante qui va du gothique à la Renaissance, époque gardant le mysticisme de l'un et l'élégance païenne de l'autre.

C'est parmi les cercles effrayants tracés par le poète florentin dans les flammes qui ne s'éteignent jamais et les laves qui bouillonnent toujours, qu'il a laissé errer librement son imagination. Outre des groupes importants, cette vaste composition lyrique comporte plus de trois cents figures, toutes différentes d'attitude et de sentiment, exprimant chacune, synthétiquement, une forme de la passion, de la douleur et de la malédiction humaines. En examinant ces bouches tordues, ces poings convulsés, ces poitrines haletantes, ces masques éperdus le long desquels coulent des larmes sans fin, il semble qu'on entend retentir les cris de la Désolation éternelle.

Au-dessous du chapiteau de la porte, dans un panneau légèrement creusé en voûte, figure le Dante très en saillie et se détachant complètement sur le fond, revêtu de bas-reliefs qui représentent l'arrivée aux enfers. Sa pose rappelle un peu celle du *Penseur* de Michel-Ange. Le Dante est assis, le torse penché en avant, le bras droit reposant sur la jambe gauche, et qui donne au corps un inexprimable mouvement tragique. Son visage, terrible comme celui d'un dieu vengeur, s'appuie lourdement sur la main qui s'enfonce dans la chair vers le coin des lèvres refoulées ; et ses yeux sombres plongent dans l'abîme d'où montent des vapeurs sulfureuses avec la plainte des damnés.

Les battants de la porte sont divisés en deux panneaux séparés chacun par un groupe, formant en quelque sorte marteau. Sur le battant de droite, Ugolin et ses fils ; sur celui de gauche, Paolo et Françoise de Rimini. Rien de plus effrayant que le groupe d'Ugolin. Maigre, décharné, les côtes saillant sous la peau que trouent les apophyses, la bouche vide et la lèvre molle, d'où semble tomber, au contact de la chair, une bave de fauve affamé, il rampe, ainsi qu'une hyène qui a déterré des charognes, sur les corps renversés de ses fils dont les bras et les jambes inertes pendent çà et là dans l'abîme.

A gauche, Françoise de Rimini, enlacée au corps de Paolo, fait le plus suave et le plus tendre contraste à ce groupe qui synthétise les horreurs de la faim. Le corps jeune et charmant où l'artiste a réuni, comme à plaisir, toutes les beautés délicates et sensuelles de la femme, les bras noués au cou de l'amant, dans un mouvement à la fois passionné et chaste, elle s'abandonne aux étreintes et au baiser de Paolo, dont la chair frissonne de plaisir et dont la force de jeune athlète apparaît dans une musculature élégante et puissante, type

de la beauté de l'homme, comme Françoise de
Rimini est le type de la grâce de la femme.

Au-dessus des groupes, Rodin a composé des
bas-reliefs sur lesquels se détachent des figures
en ronde-bosse, des scènes en demi-bosse, ce qui
donne à son œuvre une perspective extraordinaire. Chaque battant est couronné par des
masques tragiques, des têtes de furies, des allégories terribles ou gracieuses des passions coupables.

Au-dessous des groupes, des bas-reliefs encore,
sur lesquels saillent des masques de la douleur.
Le long du fleuve de boue, des centaures galopent,
emportant des corps de femmes qui se débattent,
se roulent et se tordent sur les croupes cabrées ;
d'autres centaures tirent des flèches sur les
malheureux qui veulent s'échapper, et l'on voit
des femmes, des prostituées, emportées dans des
chutes rapides, se précipiter et tomber, la tête
dans la fange enflammée.

Les montants sont formés aussi de bas-reliefs
admirables ; celui de droite exprime les amours
maudites qui s'enlacent toujours et ne s'assou-
vissent jamais ; celui de gauche, les limbes où
l'on voit, dans une sorte de vapeur mystérieuse,
des dégringolades d'enfants, mêlées à d'horribles
figures de vieilles femmes.

Bien qu'il se soit inspiré du poème italien, on
ne peut se faire une idée de l'imagination personnelle que l'artiste a déployée pour fixer sur

chaque tête et sur chaque corps une expression et une attitude différentes. Il y a dans ces compositions un mouvement, un emportement, une grandeur d'action qui étonnent et qui subjuguent.

Chaque corps obéit impitoyablement à la passion dont il est animé, chaque muscle suit l'impulsion de l'âme. Même dans les contournements les plus étranges et les formes les plus tordues, les personnages sont logiques avec la destinée dont l'artiste a marqué leur humanité révoltée et punie. Rodin nous fait vraiment respirer dans cet air, embrasé de son génie, un frisson tragique. L'effroi, la colère, le désespoir, allument les yeux, tournent les bouches, tordent les mains et font avancer les têtes sur les cols étirés. L'équilibre anatomique, tel que l'établit l'Académie, est rompu, et la beauté de convention, stupide et veule, telle que l'enseigne l'Ecole et telle que la réclament les pendules, disparaît.

Voilà ce qu'on ne peut pardonner à Auguste Rodin : c'est de donner à la beauté un accent éloquent et vrai d'humanité, de faire palpiter de vie grandiose et forte le marbre, le bronze, la terre ; c'est d'animer ces blocs inertes d'un souffle chaud et haletant, de couler en ces matières mortes le mouvement.

On peut dire de Rodin ce que Théophile Silvestre disait jadis de Delacroix, à qui l'on peut le comparer, car ce sont deux génies de même race :

« Ce qui fait de Delacroix un des plus grands
artistes du xixe siècle, c'est qu'il réunit les facultés
du peintre, du poète et de l'historien. Il sème,
avec une abondance qui étonne le dramaturge,
les passions sur sa toile et dans l'âme du specta-
teur comme des graines funestes. Il rappelle
Rembrandt par l'expression des physionomies;
Véronèse par l'esprit, la finesse, le charme de la
couleur; Rubens par la splendeur des décorations
et la crânerie de la main; Michel-Ange par le
grandiose, et Ribera par le terrible. Il séduit et
emporte tour à tour les intelligences hautaines et
les cœurs aventureux par l'amour du beau et de
l'héroïque, par l'audace, la ruse, la force et la
noblesse. Il est surtout l'homme de notre temps,
plein de maladies morales, d'espérances trahies,
de sarcasmes, de colères et de pleurs. L'ignorance
et l'envie ne l'ont pas un instant arrêté dans sa
carrière et ne prévaudront jamais contre lui
devant la postérité. »

(La France, 18 février 1885.)

EUGÈNE DELACROIX

J'ai fait une remarque assez piquante, je crois, et qui ne manque pas d'intérêt. Le catalogue des œuvres de Delacroix exposées aux Beaux-Arts contient, au-dessous du numéro et de la désignation de chaque tableau, le nom de la personne à qui le tableau appartient. Je n'y vois que des noms bourgeois et pas un seul nom aristocratique. Ainsi, dans les galeries « des grands seigneurs français », on ne pourrait admirer un seul Delacroix, une seule œuvre, si peu importante qu'elle fût, du plus grand et du plus fécond de nos peintres français. En revanche, on y rencontrerait beaucoup de Detaille, plus encore de Jacquet, et pour les Carolus Duran il serait impossible de les énumérer en un jour. Eugène Delacroix manque sans doute d'élégance, et les spirituels *lanceurs* des grands clubs n'ont point

encore jugé à propos de le mettre à la mode. Je
livre cette observation à ceux que préoccupe
l'abaissement du goût dans les classes élevées,
soit pour s'en attrister, soit pour s'en réjouir. Il
est vrai qu'il n'y a pas que le goût qui s'abaisse
en ce milieu. Tout y est, j'imagine, au même
niveau.

Il faut louer les organisateurs de l'exposition
Delacroix. Bien que les ouvrages exposés aux
Beaux-Arts ne constituent pas le quart de
l'œuvre du grand peintre, on se rend très bien
compte de ce que fut son génie, et l'on en est
pour ainsi dire tout écrasé. Depuis les dessins
avec leurs recherches hésitantes de forme, de
ligne et de mouvement, jusqu'aux grandes conceptions réalisées, on suit la marche héroïque de
cet infatigable esprit à travers toutes les reli-
gions, toutes les histoires, toutes les poésies,
toutes les fantaisies, tous les rêves. Du Christ qui
meurt aux bras sanglants de la croix, jusqu'à la
Révolution déchaînée, Delacroix a suivi l'Humanité, et il en a fixé impérissablement les grandes
étapes et les convulsions effroyables. Et le sang
toujours, et toujours le malheur l'accompagnent.
Il a refait la Bible, Homère, Dante, Shakespeare,
Byron ; non seulement il s'est inspiré d'eux, mais
il s'est en quelque sorte incarné en eux. La
légende, l'histoire et la poésie des siècles, c'est

lui: vraiment qui les a revécues et réexprimées.
On reste anéanti devant ce travail surnaturel de
géant, — presque de Dieu, — et l'on se demande
avec effroi si une seule existence humaine est
assez longue et assez puissante pour fournir un
aliment à tant de conceptions.

Plus je vais dans la vie et moins je suis étonné
par ce que j'y vois et par ce que j'y entends,
mais j'avoue pourtant que l'ignorance de ceux
qui prétendent s'ériger en éducateurs du public
me jette chaque jour dans des surprises nouvelles.
Ce que l'on a écrit sur Delacroix, depuis un mois
à peu près, est inénarrable. Jamais peut-être la
critique ne s'était montrée aussi majestueuse-
ment niaise, à l'exception de M. Paul Mantz, dont
l'étude éloquente et fortement pensée console
un peu de toutes les platitudes qui se sont donné
si librement carrière. Ce qu'il y a d'irrémédiable
c'est qu'on ne peut même pas accuser la critique
de mauvaise foi. Non. Elle n'a ni haine, ni parti-
pris contre Delacroix. Elle n'a rien et voilà ce qui
est navrant, car elle ne voit et ne comprend rien.
Elle pourrait écrire exactement le contraire, que
cela ne tirerait pas, d'ailleurs, à conséquence. Le
grand artiste avait bien raison de ne se préoc-
cuper jamais de ce que pouvait dire, en bien ou
en mal, la critique de son temps. Le blâme ou
l'éloge le laissait tout à fait indifférent. Un jour,
à un écrivain qui lui adressait des compliments
enthousiastes et lui disait : « Vos *Bouffons*

arabes ! Quel chef-d'œuvre ! » il répondit :
« Qu'en savez-vous ? »

Elle n'a pas changé. Si elle signe ses articles
de noms nouveaux, c'est bien toujours la même
pensée, ou plutôt la même absence de pensée qui
la guide. Jamais la critique ne s'inclinera devant
le génie. Elle est comme le hibou qui ne peut
supporter l'éclat du soleil. Ses yeux trop faibles
et son esprit attardé au fond des antres obscurs
de la routine ne sont point faits pour d'aussi
splendides lumières.

Il faut cependant signaler l'opinion d'un écrivain distingué qui, sans rire et le plus tranquil-
lement du monde, au sortir de l'Exposition, écrit
à peu près ceci : « Delacroix était un bon *animalier* ; il peignait bien les fleurs, mais il n'était pas
un peintre de figures ». Et cet écrivain venait de
voir la série des tableaux que Shakespeare inspira
à Delacroix, — le seul peintre qui ait compris
Shakespeare. Il avait vu *Hamlet* et les *Fossoyeurs !*
Hamlet, avec sa figure fine, malicieuse d'enfant
malade et ses yeux où la tristesse, le tourment
et l'extase mettent des lueurs si étranges et si
énigmatiques ; Hamlet avec le panache noir de sa
toque, qui se confond avec les nuages sombres
du ciel. Il avait vu *Ophélie !* une Ophélie qui ne
ressemble pas, il est vrai, aux Ophélies cabotines
et décoratives de l'Opéra, une Ophélie tranquille,
dont la main tient encore la branche de l'arbre,
et qui paraît jouer, souriante et triste, avec les

eaux vertes de la belle rivière qui vont l'emporter. Il avait vu *Roméo et Juliette !* baignés d'aurore, dont les silhouettes sur le balcon qui s'empourpre ont je ne sais quoi de religieux et de fatal, comme les visions des destinées entrevues. Il avait vu tous ces drames héroïques et terribles où chaque personnage obéit impitoyablement à la passion qui l'anime, où la pensée est, pour ainsi dire, transposée de l'âme au visage, où on lit, comme en un livre, les sentiments contraires qui se disputent son cœur. Et il dit que Delacroix n'était pas un peintre de figures !

Le vieux Foscari a été contraint de condamner son fils Jacopo à la torture. Il est là, assis sur un trône, dans la chape de brocart d'or. Près de lui le juge lit la sentence fatale. Jacopo, le torse nu, entouré de sa femme qui pleure, de ses amis désespérés, des gardes qui veulent l'entraîner, tourne sur son père des regards implorants. Et la salle, claire et vibrante, développe calmement ses hautes architectures. Près de la porte, le bourreau, les jambes et les bras nonchalamment croisés, attend la victime, tandis que, dans la salle voisine, on aperçoit les chevalets qu'on dresse et les tenailles qui rougissent au feu.

N'avez-vous donc pas examiné la figure du vieux père ? Il a la mort dans le cœur, mais la politique et le devoir commandent. Et, les sourcils froncés, les yeux baissés, le corps tout entier frissonnant sous son attirail de doge, les mains crispées sur

.les bras du fauteuil, indomptable et résigné, il détourne son regard du spectacle affreux de son fils, dont la chair, tout à l'heure, ruissellera de sang et fumera sous la brûlure du fer rouge !

A quoi bon multiplier les exemples et rappeler le *Prisonnier de Chillon*, hâve, les yeux fous, la poitrine nue, décharné, qui tire sur la corde, tellement tendue, qu'elle semble prête à se rompre sous l'effort furieux des reins ! Et *Démosthènes*, les cheveux au vent, marchant pieds nus sur la grève et jetant à la brise qui souffle et l'emporte, tandis que les vagues déferlent autout de lui, les premières tempêtes de son éloquence, dont tout un peuple, plus tard, sera remué ! Et les *Disciples d'Emmaüs*, et la *Barque du Christ !* Et tous les crimes, et toutes les fureurs, et tous les fracas humains auxquels Delacroix a donné son génie et qu'il a emplis d'une vie prodigieuse, d'une couleur éclatante, d'un mouvement et d'une pensée tels, qu'on pourrait croire que le sublime artiste a dérobé à Dieu les mystères de sa création !

Certes oui, Eugène Delacroix a peint les animaux et les fleurs, comme il a peint toutes les choses et tous les êtres ; certes oui, il semble que les chevaux, les lions, les tigres et les fleurs lui aient appris leurs secrets ; mais, malgré tout le génie qu'il a dépensé à poursuivre les fauves qui règnent sur le désert, et le parfum des roses qui meurent et se fanent dans les vases, on peut dire que cela n'a été qu'un accident et qu'un repos dans son œuvre gigantesque. Delacroix est, avant tout, un peintre de figures — comme dit le critique, — parce qu'il est le peintre de la passion. Non seulement il a été un grand virtuose de la couleur, le musicien des divines symphonies de lumières, mais il a été un grand humain, celui qui, peut-être, a le plus magnifiquement interprété l'œuvre de Dieu.

L'admiration des hommes qui l'ont insulté pendant sa vie, qui le discutent encore après sa mort, le placera bientôt entre Paul Véronèse et Rembrandt. Ce travail de sélection s'opère de lui-même, et fatalement. Ce que nous pourrions faire pour l'empêcher ou le précipiter est inutile. L'immortalité ne laisse jamais un grand homme enseveli dans l'oubli. Elle a souvent des justices tardives, mais ces justices arrivent toujours, d'autant plus éclatantes qu'elles ont été plus lentes dans leurs arrêts définitifs.

(La France, 14 mars 1885.)

BASTIEN-LEPAGE

Il y a trois mois, à peine, Bastien-Lepage mourait, en pleine jeunesse, en pleine efflorescence de talent. J'ai dit alors sincèrement et respectueusement ce que je pensais de ce très intéressant artiste. Il me semblait que ses amis rendaient à sa mémoire un assez mauvais service en outrant l'éloge et en l'installant, tout de suite, dans une gloire démesurée d'où le temps ne pouvait que le faire déchoir.

Mes idées n'ont pas changé après la visite que je viens de faire à l'exposition de ses œuvres, organisée à l'hôtel de Chimay, cette nouvelle annexe dés Beaux-Arts. Plus que jamais je suis persuadé que l'enthousiasme des amis est souvent chose nuisible, plus nuisible que l'hostilité et le parti-pris de la critique. Et c'est bien le cas aujourd'hui.

Tout près de Bastien-Lepage se trouve Delacroix. Or, ceux qui ont porté aux nues le peintre de l'*Amour au village*, disputaient aigrement sur le génie de l'auteur des *Convulsionnaires de Tanger*. Aucune restriction dans la louange pour le premier ; des réserves grognonnes pour le second. Vraiment cela manque de proportion, par conséquent de justice, et cet *emballement* respectable, mais irréfléchi, va tout droit à l'encontre de ce que l'on en espère. Pourtant Bastien-Lepage avait assez de talent pour avoir droit à la vérité, cette vérité que l'on ne doit qu'aux grands.

Bastien-Lepage était un convaincu et un honnête. Toutes ses pensées ont une noblesse, tous ses efforts ont un élan, toutes ses réalisations montrent une personnalité dans la recherche du vrai. Il ne s'élève jamais bien haut, à cause de ses qualités mêmes qui l'attardaient, en quelque sorte, aux détails multipliés d'un sujet, au lieu de l'emporter dans la grande synthèse et la généralisation. On le sent très préoccupé, et — préoccupé d'une façon inquiète, — des petites choses. Certes, il avait une sensibilité vive, une vision franche, une compréhension juste ; et la nature n'était point muette pour lui. Elle lui parlait par ses larges horizons, par ses nuits étoilées, par ses jours écrasés de soleil, par la rusticité de ses êtres. Mais ce n'était point l'éloquence magnifique, le lyrisme vibrant qui emplit de sonorités exaspérées, de passions hautaines l'âme de Claude Monet, par exemple et déborde sur ses toiles ; c'était un langage discret, intime, réfléchi, l'air triste ou joyeux d'une chanson de veillée. Bastien-Lepage n'a vu dans toute la nature qu'une série d'anecdotes, d'idylles rétrécies ; même ses tristesses gardent je ne sais quoi d'apprêté et de joli qui les glace et qui n'émeut pas.

Il n'y a pas, dans ses tableaux, dans ses grandes compositions surtout, la sorte d'association de l'homme à la terre qu'on sent si profondément dans Millet. Il est rare que ses personnages soient bien du paysage où il les met. Il semble qu'ils aient été découpés et collés ensuite sur la toile. Cette impression est très sensible dans la *Récolte des pommes de terre*, où les figures, plates et sèches, d'un dessin trop cherché et d'une exécution trop détaillée, nuisent au paysage, qui est pourtant là d'une admirable simplicité et d'une vraie poésie champêtre. Le *Père Jacques* surtout accuse le procédé ; on dirait qu'il n'appartient pas au bois qui l'entoure et qu'il sort du cadre.

J'aime infiniment mieux ses petites études, où le sujet qui se rétrécit en une seule émotion gêne moins l'artiste. Il y en a vraiment de tout à fait remarquables, d'un sentiment exquis et d'un frisson ému. C'est là qu'on sent bien l'artiste qu'était Bastien-Lepage, ses aspirations, ses recherches et ses sincères préoccupations de la nature. L'excellent peintre a rendu des impres-

sions d'heures fugitives et de lumières mystiques qui prouvent qu'il y avait un poète, un
rêveur, un interprète souvent inspiré, dans le
naturaliste qui prétendait préférer la vérité à la
poésie. Ses marines ont un accent qui étonne
chez cet amoureux des champs de la Lorraine ; et
ses nuits sans étoiles, qui baignent de leur ombre
épaisse des villages endormis, ont une profondeur mystérieuse où l'esprit s'enfonce vers des
rêves infinis.

Il faut citer un ouvrage tout à fait hors de
pair : c'est *Un Pont de Londres*. Un pont dont on
n'aperçoit qu'une seule arche qui s'arrondit, et
la Tamise qui coule entre des lignes brumeuses
et des horizons brouillés ; sur tout cela le jour
gris de l'Angleterre. Il n'y a rien, ni un bateau,
ni un personnage, rien que ce pont, qui barre la
toile dans toute sa longueur, rien que cette eau
et ce ciel. Cette toile est bien près d'être un chef-
d'œuvre ; en tout cas elle est d'un grand artiste.
Mais les études de cette hardiesse, de cette
simplicité et de cette puissance ne sont pas
nombreuses.

Les portraits forment la meilleure partie de
l'œuvre de Bastien-Lepage. C'est là qu'il semble
avoir mis ses plus nobles et ses plus curieux
efforts. J'ai déjà parlé des portraits de son père,
de son grand-père, de M. Wallon, et j'ai loué,
comme il convient, celui de Mme Drouet, qui est
excellent. Si Bastien-Lepage reste, c'est par ses

portraits, — et ses petits portraits, pour lesquels il s'est évidemment ressouvenu de Clouet. Ils sont d'une exécution très poussée, presque miniaturée, et pourtant sans mièvrerie et sans sécheresse.

Quelques-uns même ont des accents d'huma-nité — et, pour ainsi dire — des psychologies très intéressantes. Il faut voir particulièrement le portrait de M. Andrieux, très franc, très net, très vivant, et celui d'une vieille dame dont un côté du visage est paralysé. Il y a là des recherches originales et des effets nouveaux qui assurent à Bastien-Lepage une place enviable parmi les peintres modernes.

Je crois néanmoins que le comparer à Holbein, comme beaucoup l'ont fait, est une exagération sans portée. Holbein dans le fini, dans la perfec-tion du détail, avait un dessin rude, une logique impitoyable, une résolution presque sauvage des lignes qui manquaient souvent à Bastien-Lepage. Supérieur à Meissonier, qui toujours raidit l'homme et le ramène à la mort du squelette, à l'immobilité de l'armature, il a cherché, dans une virtuosité parfois excessive, à pénétrer l'âme du modèle et à mettre des rayonnements sur le visage. Il faut rendre cette justice à Bastien et admirer l'artiste là où il est admirable.

En résumé, c'était un très sincère artiste qui n'a jamais eu que des préoccupations d'art et jamais ne s'est laissé guider par une pensée de

lucre et des compromissions de métier. Manet
l'avait très vivement impressionné; mais il n'a
pas osé pousser la logique jusqu'au bout, et souvent il s'arrêta à mi-chemin de ses audaces.
Ses grandes toiles manquent d'harmonie et
de proportion, ou plutôt de décision. Elles
semblent hésiter entre les formules grandioses,
simples et idéalistes, des Primitifs, et les formules du naturalisme nouveau. Ce sont ces
dernières vers lesquelles il paraît avoir incliné.
Malheureusement, le naturalisme, aussi bien
dans la peinture que dans la littérature, est un
rapetissant qui réduit toutes choses et tous êtres
à de pauvres constatations.

La vérité habite aussi bien les hautes régions
de l'idéal; elle s'y montre dans de plus belles et
plus éclatantes lumières, et les artistes qui vont
la chercher là ne risquent rien que de faire des
œuvres impérissables.

Bastien-Lepage manquait de flamme, de cette
flamme de création ardente et sacrée qui élève
l'homme au-dessus de la virtuosité du métier
pour le faire entrer dans le ciel splendide de l'art
immortel où les peintres ne sont pas seulement
des peintres, mais où ils reçoivent l'initiation à
toutes les beautés que produit la pensée humaine.

Un peintre qui n'a été qu'un peintre ne sera
jamais que la moitié d'un artiste.

(La France, 21 mars 1885.)

LES PASTELLISTES FRANÇAIS

Voilà donc une exposition intéressante et charmante, d'autant plus intéressante et charmante qu'elle succède à l'exposition des aquarellistes, dont nous avons parlé ici-même avec tout l'irrespect qu'elle comporte, tout le mépris qu'elle mérite. Nous osons même espérer qu'après le succès des pastellistes français, les aquarellistes, également français, — car tout est français chez M. Georges Petit, — s'en iront enfin exposer leurs œuvres chez les confiseurs du boulevard, qu'ils n'auront plus cette impolitesse de convier le public à venir lécher les sucreries de Boissier-Vibert, les bonbonnières de Gouache-Leloir, et qu'ils retourneront à leurs sacs et à leurs compotiers.

Avouons, pour être juste, que l'intérêt de cette exposition nouvelle vient de ce que M. Georges Petit a eu la très heureuse idée de mêler, aux œuvres d'artistes vivants, des œuvres d'artistes

morts, tels que Latour, Chardin et Millet, qui font
oublier tous les Emile Lévy, tous les Duez et les
quelques rastaquouériques Tissot qui sont là,
comme par hasard; on pourrait dire : à titre de
repoussoirs, si ces grands maîtres de l'Ecole
française en avaient besoin pour faire éclater
leur génie et leur beauté.

On sait que M. Tissot est moitié anglais, moitié
français, qu'il possède un atelier à Londres et
aussi un atelier à Paris. Ce peintre fréquente la
meilleure société, et les gens du monde et du
demi-monde lui confient volontiers leurs nobles
têtes à pourtraicturer. Très *selected*, M. Tissot,
très *professional painter*, enfin ce qu'il y a de
mieux. D'ailleurs, aucun. talent, pas même de
l'habileté vulgaire, mais une agaçante prétention
à l'original, au nouveau, à l'*artiste*. Sa peinture,
imitée des préraphaélites anglais, des impressionnistes français, et aussi des *institutards* de
l'Ecole, est bien la plus désagréable mixture qui
se puisse voir. Du détail là où il faudrait des
masses, des masses là où il faudrait du détail,
un dessin hésitant et grossier, et pas le moindre
sentiment des valeurs. Telles sont les qualités de
M. Tissot, qui est toujours à côté de la vérité, du
goût et même du *métier*. Il ne dédaigne pas non
plus le plagiat, mais il est presque aussi mauvais

plagiaire qu'il se montre détestable inventeur.
Son portrait de femme en robe noire et manteau
de fourrure blanche est littéralement copié d'un
magnifique portrait de Whistler qui figura, au
Salon, il y a trois ans. Même pose, même ajus-
tement, même arrangement, recherche du même
sentiment et des mêmes effets. Mais quelle pauvre
copie ! Néanmoins les amis et familiers des
petites dames s'extasient fort devant les productions de M. Tissot qui sont, paraît-il, indispen-
sables à l'ameublement des cabinets de toilette,
car on les retrouve toujours entre un bidet
d'argent massif et des jeux de brosses d'écaille
blonde.

M. de Nittis est représenté par dix-sept pastels
dont quelques-uns sont fort importants et comp-
tent le plus dans son œuvre. J'ai grand'peur que
la vogue qui — au contraire des autres artistes, —
s'attacha à lui de son vivant, ne l'ait abandonné
à sa mort.

Il faut bien avoir le courage de le dire, il y
avait en M. de Nittis beaucoup plus d'habileté que
de vrai talent. Il séduisait davantage par les
qualités de prestidigitation dont il faisait preuve,
que par la sincérité, la personnalité qui ne se
dégagent pas nettement de ses œuvres. M. de Nittis
avait beaucoup pris à Manet et surtout à Degas,
mais, en véritable Italien qu'il était, il pompon-
nait, enrubannait, embourgeoisait ce que les
artistes sévères mettaient dans leurs toiles, d'art

abstrait et de logique impitoyable. Certains peintres anglais avaient eu aussi sur lui une grande
influence. Son imagination se débattait au milieu
de toutes ces réminiscences qu'il gracieusait, qu'il
mettait au point de séduction vulgaire qui flatte
l'amateur ignorant et moutonnier, et il n'a pas
laissé une œuvre vraiment forte et qui vivra,
comme vivront celles de ces persécutés, où il est
allé chercher pourtant le plus clair de sa manière.
J'ai été surpris et affligé de voir combien ces
pastels célèbres, *Autour du brasero*, le *Tour du lac*,
et les *Tribunes de Longchamp* ne me représen-
taient plus, dans sa fraîcheur, cette fleur d'art
brillante, si unanimement saluée à son épanouissement. Hélas! le parfum déjà s'en est allé, —
parfum d'un jour, dit Shakespeare.

Parmi les artistes modernes représentés à cette
Exposition, — je ne parle pas de Millet, qui est
déjà dans l'immortalité, — il n'y a vraiment que
M. Raffaelli devant qui l'on puisse s'arrêter avec
intérêt. Dix pastels seulement composent son
envoi, mais ils sont presque tous charmants. Peut-
être ne valent-ils pas tout l'éloge que certains
critiques, jadis, en ont fait, mais ils ont de sérieuses qualités. On se sent en présence d'un esprit
qui n'est point banal, dont les recherches et les
préoccupations d'art sont plutôt littéraires que
picturales, et dont la vision, pour n'être pas toujours d'une sensibilité très aiguë et d'une intensité
très profonde, n'en est pas moins toute person-

nelle. J'aime beaucoup *le père Larifla*, le vieux
marchand de mouron, d'un dessin très simplifié
et pourtant complet ; j'aime aussi ses paysages
parisiens où son imagination se plaît à remuer,
dans la lumière spéciale et l'air criard de Paris,
le grouillement des foules et la vie des rues.
M. Raffaelli est doué très vivement du sens de la
modernité, et je ne sais pas de meilleur compliment à lui adresser, en cette époque où tant de
peintres, qui prétendent faire du moderne, n'arrivent qu'à caricaturer des corps antiques et des
figures de la Renaissance, avec de vieux habits
achetés à la Belle-Jardinière et dans les décrochez-
moi-ça des marchandes à la toilette.

Nous voici devant les portraits de Latour et, à
côté, on a mis ceux de son rival Perroneau, un
peintre charmant, qui vaut mieux, à coup sûr,
que la réputation un peu effacée où l'a relégué la
gloire envahissante de Latour. De la grâce, de
l'esprit, de l'élégance, un dessin savant et délicat ;
mais tout cela trop souligné, trop mièvre, trop
abondant dans le détail, trop précieux, non point
à la façon de la Rosalba dont la mignardise agace,
mais à la façon du siècle lui-même. Combien
Latour reste plus grand, plus original, plus puissant, Latour qui sut donner au pastel les énergies
de l'effet de la peinture à l'huile, et dont les *crayons*

conservent encore la fermeté et l'indestructibilité de la pâte ! Bien que beaucoup des portraits exposés datent de la fin de sa carrière, époque où la main du grand artiste hésita, tâtonna, c'est merveille vraiment que d'admirer cette série de chefs-d'œuvre du peintre de Mme de Pompadour.

Il y en a là quelques-uns d'immortels ; celui du peintre Silvestre, de Mme Mondonville, de Grimod de la Reynière, de Mlle Sallé, et le sien, cynique, spirituel, insolent, la lèvre gourmande de plaisirs et d'ironies, l'œil perçant et qui s'enfonce en vous comme une vrille. Latour a marqué chacune de ces figures de la fatalité de son métier et de sa position sociale. Il pénètre en son modèle, jusque dans les replis les plus cachés du cœur. C'est un dessinateur impeccable, mais aussi un grand psychologue, un observateur profond à qui rien n'échappe et qui rend tout ce qu'il a vu, tout ce qu'il s'est dévoilé. En somme, le véritable historien du xviiie siècle, l'historien de la femme, de l'artiste, du philosophe, du courtisan, du fermier général, de la légèreté et des élégances de ce monde rieur, passionné, discuteur vicieux, frondeur, sceptique ; et puis, le premier qui ait mis ses personnages dans leur milieu vrai, au milieu de leurs habitudes de tous les jours, complétant ainsi, par la vie des choses, la vie des hommes. Latour reste certainement un des plus puissants génies de cette École française, si brillante, si nombreuse en talents immortels.

***

Que dire du grand Millet qui n'ait déjà été dit mille et mille fois ? Si l'admiration, en face de ces œuvres admirables, trouve des émotions nouvelles et des sensations tous les jours plus vives, il n'en est pas de même de la langue, qui a vite épuisé ses formules et vidé le dictionnaire de ses mots. On s'indigne toujours avec plus de colère de l'imbécillité des temps qui ont pu laisser dans l'obscurité et dans la pauvreté le si magnifique poète de la nature, celui qui, dans une vision splendide, faite de larmes et de lourds soleils, a si pesamment courbé l'homme vers la terre et l'a si intimement associé aux champs féconds et riches, qui le nourrissent ; aux bois, aux ruisseaux, aux durs sillons couverts de givres, aux ciels gris de froid d'où tombent les neiges éclatantes et les noirs corbeaux. Nous avons salué le *Givre*, le *Vol de corbeaux*, le *Semeur*, les *Premiers pas*, la *Herse*, l'*Angelus*, et tous, tous les chants de la plus belle épopée humaine qui jamais ait été chantée à la gloire de Dieu, de la nature et de l'homme.

(*La France*, 9 avril 1885.)

LES PORTRAITS DU SIÈCLE

Cette exposition organisée aux Beaux-Arts est vraiment magnifique et l'on ne pouvait trouver rien de mieux, quelques jours avant le Salon, pour nous montrer, à côté de la peinture de fabrique d'aujourd'hui, ce qu'a pu être la peinture française à diverses époques, et quelles fleurs d'art superbes elle a poussées.

Il y a bien des chefs-d'œuvre parmi les quatre cent vingt-quatre tableaux exposés, — et des chefs-d'œuvre immortels. Un volume ne suffirait pas pour en parler comme il conviendrait. Je suis donc forcé de me restreindre et de renvoyer mes lecteurs à cette exposition elle-même, me sentant incapable, en un si court espace, d'en dégager même l'essence, même la quintessence.

Il n'y a pas d'art plus difficile et plus profond que l'art du portrait. C'est qu'il faut être non seulement un peintre pour reproduire les traits du visage d'un être quelconque, mais encore un psychologue et un poète pour traduire son âme, et ce que cette âme diffuse sur une physionomie de marques intellectuelles, ce vêtement de la pensée insaisissable à bien des yeux. La fantaisie et l'imagination ne peuvent plus courir, à travers les propres rêves de l'artiste, libres et vagabondes ; elles doivent pénétrer dans les rêves du modèle et s'assimiler en quelque sorte sa vie, son esprit, ce qu'il y a d'intime et de caché derrière ce mur épais et terrible qui est le front d'un homme. C'est dans le portrait que l'artiste donne la preuve la plus puissante de l'intensité de son génie et qu'il s'élève le plus haut dans la grande poésie et dans la grande observation de l'humanité.

Je ne puis malheureusement que passer avec rapidité devant ces portraits. Il y aurait pourtant bien des études à faire, des impressions nouvelles à fixer, des comparaisons intéressantes à établir, des leçons à dégager, depuis Latour jusqu'à Meissonier, depuis Greuze jusqu'à Manet.

David est représenté magnifiquement par neuf tableaux, parmi lesquels : *La Mort de Marat*, le portrait de Barbaroux et celui de Mme Chalgrin, un audacieux chef-d'œuvre, si vivant, si vibrant, d'une étrangeté si originale, qu'on s'étonne que cette vision ait pu sortir de

ses yeux, aussi pleinement dégagée des formules
étroites et des corrections guindées où s'attar-
dait parfois son imagination.

Je n'ai rien vu du baron Gérard qui rappelât
le portrait d'Isabey, un des chefs-d'œuvre du
Louvre ; et j'avoue que Greuze me laisse froid
avec son maniérisme, ses grâces factices et
banales. Son Napoléon est bien inférieur même
à celui du baron Gros, et son Beaumarchais n'a
jamais écrit le *Mariage de Figaro* ni les *Mé-
moires*, ces prodiges d'esprit.

Que de choses délicates dans le portrait de
Mme Parker et dans quelques-unes de ces inconnues que nous montre Josué Reynolds, dont le
coloris violent n'éteint pas la grâce charmante!

Voici les portraits de Ricard, un grand incom-
pris, un de ces artistes prédestinés, comme
Stendhal, à n'être appréciés que des esprits
supérieurs, et qui, comme Stendhal, vous donne
des impressions de vie profonde. Rien n'est
beau, vivant, exquis comme le portrait de
Mme Szarvady, dans la fraîcheur de sa beauté
de jeune fille. Il faudrait les nommer tous, et
M. Trolong, et M. Heilbuth, et M. Anatole de
La Forge, dont les portraits sont des chefs-
d'œuvre. Ricard était de ces délicats et profonds
artistes à qui le temps apporte lentement, mais
sûrement la gloire. Il n'avait en lui rien de
ce qu'il faut pour remuer l'âme vulgaire des
foules parce qu'il n'avait rien de banal, et qu'il

méprisait les gros effets et les trompe-l'œil.
Une pensée intime dans une forme exquise et
discrète, de la force dans la grâce, de la recherche sans affectation ni contournement et
un naturel instinct de l'élégance. Tel était
Ricard, qui restera comme le meilleur peintre
de portraits de ce siècle, au moins le plus personnel, et celui qui dit le plus en peu de phrases.

Il faut admirer aussi le portrait de M. Guizot
par Baudry, à qui l'on doit tant de beaux portraits. Celui-là est véritablement admirable et
vous donne une impression de vérité extraordinaire. Toute l'histoire des luttes parlementaires
et politiques est contée dans cette physionomie
blanchie et vieillissante, dont les chairs ridées
tombent et se dessèchent, mais qui garde dans
l'œil noir une fermeté sévère, un éclat sombre,
une ardeur, une ambition farouches, et dans la
lèvre mince et droite une volonté impitoyable
et une ironie perçante. C'est une belle œuvre,
et qui restera dans les Louvres futurs, pour
faire oublier que M. Baudry a décoré l'Opéra.

J'ai revu l'*Hommage* à Delacroix, de Fantin-
Latour, une série de portraits admirables.
Fantin-Latour est certainement un des meilleurs peintres de figures d'aujourd'hui, celui
qui donne le plus de force, dans une facture
sobre, simple et large, et qui est un des plus
puissants coloristes avec les noirs et les gris.

Il est juste de s'arrêter devant le portrait de

M. Magnard, par le peintre Besnard, un portrait
très lumineux d'une facture très personnelle
qu'on ne saurait trop louer, car M. Besnard est
un ancien prix de Rome, et son originalité s'est
très vite et très nettement dégagée. C'est un
jeune peintre du plus grand avenir.

Que dire du portrait de M. Antonin Proust,
par Manet? N'est-il pas classé, depuis quelque
temps, parmi les meilleurs de ce temps?

Mais, ce qui domine cette belle exposition, ce
qui écrase ces chefs-d'œuvre, c'est le Napoléon
d'Ingres, le Napoléon des Invalides. Jamais
imagination plus grandiose ne sortit de la cer-
velle d'un artiste, jamais ne surgit plus splendide évocation d'un homme, qui fut un dieu, et
un dieu terrible. Ce n'est point le portrait de
l'Empereur que M. Ingres a fait, c'est la synthèse de l'Empire; c'est tout ce qu'il y a de
formidable et de monstrueux, de surhumain,
dans cet homme et dans cet appareil que le
grand artiste a chanté. Victor Hugo aussi l'a
chanté en vers de flamme; mais combien ces
vers sublimes nous paraissent petits à côté de
l'expression magnifique de cette peinture! Le
peintre s'est élevé là où n'a pu atteindre le
poète.

Napoléon est assis droit sur son trône, un
trône dont le dossier s'arrondit en couronne de
laurier d'or. Il est pâle, maigre, impassible et
terrible. Son masque est pareil au visage d'un

Dieu. Le front ceint de lauriers, vêtu de la simarre d'hermine, enveloppé de la pourpre impériale, il tient en ses mains le sceptre du monde. La raideur majestueuse de sa pose a quelque chose d'hiératique, comme celle des statues. Il semble que la chair mortelle de l'homme déjà s'est transformée en un immortel marbre d'idole. Ses jambes, très écartées sous les plis de la pourpre, sont comme celles des divinités effroyables du Japon. Mais, ce que l'on ne peut rendre, c'est tout le mystérieux et l'insondable, le tragique et le sacré de cette image. Je plains ceux qui ne seraient pas secoués d'émotion, étranglés d'admiration, devant cette œuvre, la plus sublime, la plus mystérieuse qu'ait produite la peinture.

Quel grand et merveilleux génie que celui d'Ingres! Mais il faut pour le comprendre une éducation artistique que malheureusement bien peu possèdent, — même parmi les artistes. Ce coloriste complet a été le premier à nous donner les formules de ce qu'on appelle aujourd'hui l'impressionnisme, en disant à ses élèves : « Regardez-bien. Mon chapeau noir n'est pas noir ». Oui, Ingres a été la couleur, comme il a été le dessin. Il a donné à la couleur l'harmonie qu'il fallait, et il a ramené le dessin à l'abstraction générale de la ligne. L'élégance, — je ne dis pas le joli, — l'élégance de la forme et de la ligne existe partout dans la nature, aussi bien dans

un corps de nymphe que dáns le torse voûté
d'un maçon ; seulement il faut l'y voir ; il faut
l'en dégager, non pas en copiant servilement,
comme font les naturalistes, mais en cherchant
à abstraire des lignes celles qui interprètent,
qui traduisent la nature et dans sa vérité et
dans son esprit.

C'est tout le génie ! Et M. Ingres avait tout ce
génie.

(*La France*, 23 avril 1885.)

PORTRAIT

L'atelier du peintre Loys Jambois est certainement le plus curieux des ateliers. On y admire
de vieux bahuts, des tapisseries rares, deux Cur-
paccio, trois Botticelli, des études de Rossetti et de
Burn Jones ; tout un arsenal compliqué d'armes
anciennes et damasquinées ; un traîneau qui traîna
l'impériale Catherine sur les neiges durcies de
la Néva, une chaise à porteurs qui porta la mar-
quise de Polignac sous les ombrages chantournés
de Versailles, des broderies persanes, des aciers
arabes, une quantité prodigieuse de madones
byzantines et de poteries italiennes, des étains
au ton mat et bleu à côté de porcelaines éclat-
tantes du Japon dont les panses s'enflent et les
cols s'effilent, décorés de fleurs bizarres et de
bêtes sacrées ; un aquarium où, parmi les gigan-
tées et les algues, nagent des poissons à six bosses,
pêchés sur la côte d'Orissa. Puis ce sont des divans

3

très larges, recouverts de peaux d'ours noir et de
tigre mort-né, des fourrures de martre, aux reflets
d'argent, des coussins dont les broderies se mêlent
aux filigranes d'or, de hauts paravents à huit
feuilles, d'où retombent des étoffes aux plis
maniérés, et qui font, dans la pièce vaste, de
place en place, de petits coins de mystère et
d'intimité. Au pied de ces paravents sont dis-
posés des canapés, des poufs bas et des tables
légères de laque chinoise et de mosaïque assy-
rienne, dont l'une supporte, au milieu d'un
fouillis d'objets menus, un vase où se meurt un
lys, l'autre, une burette de vermeil, pleine de
vin de porto, et deux coupes de jade dans lesquelles s'émiettent des gâteaux anglais.

Loys Jambois s'efforce à rester autant qu'il
peut en harmonie avec l'intérieur de son atelier.
Aux heures du repos, il s'enveloppe volontiers
d'un costume japonais, très brodé de dieux et
de métamorphoses, ou bien il se déguise en
seigneur du temps de Louis XIII.

— Quelle jolie tache je fais ! se dit-il en
contemplant dans une glace son image qui
s'élève en clair sur un fond de bahut gothique,
ou en sombre sur la blancheur d'une tenture
soyeuse.

Il se campe fièrement, de trois quarts, le mollet
marquant, la main gauche appuyée sur la garde
de son épée, la main droite jouant avec les
boucles de la perruque blonde.

— Quelle souplesse ! se répète-t-il. Comme je m'harmonise avec la nature morte ! Quel accent a le panache de mon feutre sur le rouge de la portière !... Quel...

Jambois est interrompu par l'entrée d'un valet de pied, correct, irréprochable, qui, d'un ton solennel et sans que remue le moindre muscle de son visage, dit :

— Le modèle de monsieur attend monsieur.

Alors Jambois revêt sa tenue de travail : un jersey de soie bleu sombre, très collant et qui moule exactement le thorax, un pantalon de molleton blanc, des escarpins vernis, décolletés sur le cou-de-pied, une toque anglaise qui s'assouplit à la forme du crâne. Le tissu du jersey est unique et d'une élasticité telle qu'en le tirant de la main il s'allonge, s'allonge, s'allonge indéfiniment, revient, aussitôt lâché, à son point de départ, avec une vibration d'arc qui se débande, avec un bruit sec de caoutchouc qui claque sur de la peau.

— Où diable vous procurez-vous des étoffes pareilles ? demandent à Jambois ses amis émerveillés.

Et lui, d'un geste las, désignant l'Orient, répond :

— Là-bas... chez des femmes qui se nourrissent de dattes et qui sont belles, belles, grosses, grosses comme Judith Gautier.

Lorsqu'il fait le portrait d'une grande dame,

Jambois commande des orchestres qui jouent des airs tristes derrière les paravents. Sur les balustres de la galerie circulaire il dispose des modèles italiens, à la peau jaune, en des attitudes pompéiennes; d'autres, plus blanches, se cambrent dans des encoignures, le torse nu, les seins pointants, avec des chevelures qui pendent. Et l'on voit, entre deux vases fleuris de fleurs pourprées, sur une table où s'éparpillent les couteaux d'or, une grande coupe, en forme de sexe ailé, qui contient des confitures canaques. Reliées au plafond par d'invisibles fils, des plumes de paon se balancent dans l'air sous la plainte des violes et l'extase des harmonicors.

— Ces sons, ces plumes, murmure Jambois... Oh! que j'aime!

J'ai parfois rencontré Jambois en visite, et c'est un spectacle admirable. Il arrive, pâle, les yeux mourants dans un cerne bleu. Il s'affaisse sur un divan et bat des mains, comme bat de l'aile l'oiseau blessé qui agonise.

— Mon Dieu! qu'avez-vous? s'écrient les femmes subitement affolées. Jambois, qu'avez-vous donc? oh! qu'avez-vous?

Et lui, presque pâmé, d'une voix faible, murmure:

— Je n'ai rien. Je meurs.

Les femmes s'empressent, s'effrayent. Toutes, elles sont agenouillées, autour du divan, près de lui.

— Songez donc ! soupire Jambois. Un enfant... si blond... si rose ! Un enfant ! Il posait chez moi... Ah ! si blond ! C'était comme un rêve qui serait comme un soleil, tout jeune, qui serait... Ah ! si rose !... Il posait chez moi ! L'enfant conta qu'il était allé, la veille, à Versailles, au château ! Et il me demanda ce que c'était que Marie-Antoinette. Je le lui dis. Il me demanda comment elle était morte. Je lui dis qu'elle était morte sous la guillotine ! Alors il me demanda ce que c'était que la guillotine ! « La guillotine, lui dis-je, c'est dans une planche de bois, un trou rond, par où on passe la tête. » Et l'enfant si rose répondit : « Ah ! oui, c'est comme le trou des... » Si blond !... Non, je ne peux pas, je ne peux pas !

Les femmes implorent avec des profils éperdus.

— Ah ! Jambois, dites-nous ce que répondit l'enfant.

— Non, je ne peux pas, je ne peux pas... Figurez-vous un lys très blanc, immaculé, un lys sur lequel un lépreux vient poser ses lèvres immondes. Eh ! bien, j'ai été ce lys et l'enfant a été ce lépreux ! Je meurs de la blessure de l'enfant !

Et les femmes sanglotent.

— C'est affreux ! c'est affreux !

Et Jambois recommence de battre des mains.
Il suffoque, râle...

— Mon Dieu ! Jambois, revenez à vous. Jambois, voulez-vous un verre de porto ?

— Merci, non ! Du jus de viande, je vous
prie... du jus de viande, très peu, dans une tasse
de saxe. Oh ! une tasse de saxe, blanche et ténue,
qui serait comme un nuage, qui serait comme
une perle, qui serait comme une fleur, qui serait
comme une lèvre, qui serait comme un lac, qui
serait comme une âme ! Oh ! aspirer du jus de
viande, très peu, dans une âme !...

Un jour, il demanda du lait de martre zibeline.

— Oh ! du lait de martre zibeline ! boire du
lait de martre zibeline !

Son regard s'extasia, perdu, on ne sait dans
quel rêve lointain. De temps en temps, Jambois
répétait :

— Du lait de martre zibeline ! Ah ! que
j'aime !

*
* *

Une des plus grandes préoccupations de Jambois, c'est le parapluie. Il en possède une collection importante à laquelle, tous les jours, il
ajoute des spécimens nouveaux. Le choix de
ces parapluies est pour Jambois tout un travail.
D'abord il n'aime que les parapluies anglais,
achetés en Angleterre.

— Il ne fleurit bien que là, dit-il... Pourquoi ?

Tous les mois, il part pour Londres afin d'y acheter des parapluies. Il reste des journées entières chez Marshall, à les palper, à les examiner de près, de loin, dans leurs détails et dans leur ensemble, à les mettre dans toutes les positions dont est susceptible un parapluie, à en étudier minutieusement le manche, la soie, les baleines, le fourreau. Et chaque fois il revient, charmé, enthousiaste, au point qu'un jour, à peine de retour chez lui, il écrivit à une amie :

— Chère, je reviens de Londres. Accourez vite voir mes parapluies, des parapluies si exquis ! Vous vous pâmerez, je vous avertis. Ils sont fins comme des cigares et nus comme des filles.

Les amis se moquent parfois de ce goût bizarre, qu'ils traitent de « mauvais chic ».

— Mais non ! mais non ! s'écrie Jambois. Ce n'est pas une question de « rite », c'est une question d'art ! Quelle tristesse ! vous ne voulez pas comprendre. L'art est dans les sensations exquises et subtiles que donne le parapluie. Voyez ce qu'il dégage de féminité, de rêve, de mystère, de mélancolie, d'hamlétisme, de pessimisme et de non-amour. Rossetti, Burne-Jones, Alma Tadéma, Gustave Moreau, c'est là qu'ils ont puisé leur génie. Oui, le parapluie c'est la Source unique, et c'est aussi l'aboutissement suprême... le parapluie anglais, bien entendu.

— Et la nature ? qu'en faites-vous, Jambois ?

— Mais non, mais non ! La nature ! Ah !
quelle barbarie ! Et comme elle manque de
suggestion ! Il y a le lys, d'abord ; cela, je
pense, n'est contesté par personne ; il y a ensuite
le parapluie. Et puis, il n'y a plus rien ! Le
préraphaélisme tout entier, ce n'est pas autre
chose que l'interprétation hagiographique du
parapluie. Un parapluie qui serait nimbé d'or,
comme une vierge ! Vous n'avez jamais pensé
à cette chose délicieuse et liturgique ? Tenez...

Jambois prend un parapluie, long et menu ; il
le balance dans l'air délicatement, du bout des
doigts.

— Voyez comme il se penche, comme il
s'incline, parmi les fleurs grêles et les lys odo-
rants ! Le voyez-vous, là-bas, là-bas... il se
perd, s'évanouit... Ne dirait-on pas la forme
mourante d'une âme ? Oh ! que j'aime !

*_**

Le soir est tombé, l'atelier est tout sombre. Par
la grande baie, un reste de jour pâle entre qui
frise les dorures éparses, s'accroche aux angles
des balustres, caresse à peine un dieu hindou
accroupi dans des flammes. Mille choses indécises
se devinent dans l'ombre crépusculaire. Loïs Jambois est allongé sur un divan ; il tient sa main
droite repliée sous sa tête dolente ; sa main gauche
joue avec le manche d'ivoire d'un petit poignard

florentin qui figure une tête de mort pleurant sur
des tibias entrelacés. Et Jambois est plus triste
que jamais, plus que jamais en proie à l'hamlétisme dévorateur. C'est l'heure vague où il songe
à la Femme, à l'Unique.

Et il la revoit, très longue, très mince, surna-
turelle, avec sa robe blanche, son regard de
statue, sa chevelure d'or qui la couvrait comme
d'un manteau d'impératrice, et la branche de lys
qu'elle portait à la main, ah! si hiératiquement!...
C'était, il y avait plus de dix ans, à Londres, chez
un peintre où il déjeunait... Une porte s'ouvrait,
et une forme apparaissait, traversait la pièce,
s'évanouissait. Elle ne parlait pas, elle chantait
comme chantent les harpes; elle ne marchait pas,
elle glissait, comme sur les lacs magiques glissent
les conques traînées par les cygnes. Jambois,
ébloui, avait demandé quel était ce rêve.

— C'est l'Unique, avait répondu le peintre..
C'est la Femme. Hier, je l'ai rencontrée. J'ai
mis vingt ans à cela!

L'Unique s'était mariée au peintre, et Jambois
avait cru mourir, car il avait compris qu'elle était
perdue pour lui à jamais. De temps en temps
il la revoyait glisser, inclinée et toute blanche,
dans cette salle à manger de son ami, puis dispa-
raître, et c'était pour le pauvre Jambois une
joie abominable et torturante de penser que
l'Unique ne serait jamais Sienne, jamais.

— Écoutez, lui avait dit un jour le peintre.

J'ai légué après ma mort l'Unique à l'un de mes amis artiste. Allez le voir. Peut-être fera-t-il pour vous ce que j'ai fait pour lui.

Il y était allé, l'infortuné Jambois, mais l'ami avait déjà légué son précieux legs à un ami qui l'avait légué à un autre, et il était allé ainsi d'amis en amis pendant plusieurs années.

La nuit est tout à fait venue, et Jambois rêve encore à la Femme. Il soupire :

— Le trentième ! être le trentième sur la liste ! Quelle éternité ! Souffrir, souffrir ! toujours souffrir ! Oh ! que j'aime.

(Gil Blas, 27 juillet 1886.)

NOS BONS ARTISTES

Le commerce des tableaux languissait. Stewart était mort. Vanderbilt rognait sur les prix. Chacun pouvait se payer, moyennant cent mille francs, l'inamovible et trognonnant cardinal de M. Vibert. Les passe-poils et les sabretaches de M. Meissonier tombaient brusquement à cent cinquante mille écus. M. Bouguereau voyait les cuisses cirolithographiques de ses nymphes et les jambes pédicurées de ses bergers bibliques dégringoler au prix dérisoire de quarante mille francs. M. Cabanel, à qui ses portraits, l'un dans l'autre, ne rapportaient plus que trente pauvres mille livres, rêvait à de vagues modernismes, combinait Raphaël avec Manet, le Vinci avec Pissarro, pour arriver à peindre une audacieuse figure noire sur un révolutionnaire fond gris. Et l'éternelle corrégienne de M. Henner, désolée au bord de la même fuligineuse mare, tentait d'éteindre l'inutile incandescence de son torse en magnésium dans la terre de Sienne de son ordure.

Déjà, dans les grands bric-à-brac de l'avenue de Villiers, les peintres affolés déclouaient des murs leurs peluches aux reflets de cuivre, leurs tapisseries aux décolorations anciennes, remplaçaient leurs bahuts historiques vendus par le japonisme à treize sous des bazars. Ils ne recevaient plus. M. Coquelin, las de tenir la pose, ne sachant plus au fond de quel grenier remiser ses dix-huit cents portraits sans valeur, ne venait plus leur réciter les *Prunes* et leur parler de ses écrits. Et les larbins, dépouillés de leur correcte livrée, lavaient les tristes brosses de leurs maîtres, d'un air humilié. C'était le désastre, la faillite, la fin de la belle apothéose. Qui sait s'ils ne songèrent pas alors à retourner, les uns dans les Indenstrasses de Vraukevourth, d'où ils s'étaient échappés au bruit de la curée; les autres, sur la plage de Sorrente, où ils avaient passé leur petite jeunesse, à cabrioler, en l'honneur des *signori*, venus de Sheffield, à avaler, la gueule en l'air, les deux *soldi* de l'académique macaroni, cher à M. Boulanger, — pas le général, l'autre... le pompier.

C'est à ce moment de détresse qu'ils se réunirent. Et ce fut très comique.

Outre que leur but était de rattraper les hauts prix et d'organiser la vente sur des bases nou-

velles, nos bons artistes avaient assez, Dieu me
pardonne ! de la tutelle administrative. Ils repous-
saient l'ingérence de l'Etat dans leurs petites
affaires, comme attentatoire à leur dignité de
créateurs. Ils ne voulaient plus être bureaucra-
tisés dans les ministères, asservis aux paperas-
series abaissantes de la direction des Beaux-Arts.
Un art libre, des jurys libres, des récompenses
libres, des cimaises libres, des commandes et
des décorations, voilà ce qu'ils réclamaient. Un
souffle de liberté passait sur eux, de liberté et de
prix forts. L'Institut lui-même dansait la Car-
magnole sur ses vieilles et tremblantes jambes
de paralytique. Ce fut une explosion superbe
d'indépendance. L'art ne devait pas... L'art ne
pouvait pas... Est-ce que l'art, par hasard?...
Pour qui prenait-on l'art?... L'art... l'art...
l'art...

Donc, ils se réunirent. De cette réunion naquit
une société, libre bien entendu ; de cette société
un comité de 90 membres, renouvelable tous les
trois ans, libre aussi ; de ce comité, un jury,
libre toujours ; de ce jury, cette chose innommable,
invraisemblable, abominable et libre : le Salon
actuel. Et, comme ils avaient fièrement secoué le
joug des servitudes officielles, comme ils étaient
devenus immensément libres, il arriva que le
nouveau Salon fut naturellement plus impitoyable, plus fermé aux hommes de talent, plus
doux aux médiocres, plus accessible aux galantes

faveurs que l'ancien. Du coup, toutes les jeunes
élèves de l'atelier Julian, que corrigent MM. Bouguereau, Boulanger, Jules Lefebvre, et d'autres
encore, entrèrent librement à la suite de leurs
maîtres, et l'on vit s'étaler sur les cimaises, jugées
trop nobles pour un Whistler, pour un Claude
Monet, un Renoir, un Lebourg, des cocasseries
scandaleuses et stupéfiantes, torchées entre deux
coups d'éventail, qui forment aujourd'hui le fond
du Salon, de ce salon qui ferait sourire de pitié
le Papou le plus dénué de sens artiste.

On peut s'étonner que ces gens-là en soient
encore à se distribuer, comme des collégiens, un
tas de récompenses bizarres, des prix d'honneur,
des mentions honorables, des accessits. Ne croyez
pas que ce soit la vanité qui les guide exclusivement vers ces conquêtes puériles. Certes, ils sont
flattés qu'un ministre, déposant sur leurs fronts
des couronnes en papier doré, les félicite, dans le
charabia que l'on connaît, de leur assiduité au
travail et de leur bonne conduite. Mais il y a
autre chose. Ils savent très bien que les commandes de l'État et celles des amateurs vont aux
seuls peintres et sculpteurs, graveurs et archi-
tectes dont les noms sont aux catalogues d'exposition, suivis de signes distinctifs et glorieux et
qu'il n'y a pas d'exemple, en cette époque de
lumière, qu'on ait commandé quoi que ce soit à
un pauvre diable de brave artiste qui ne serait
pas écrasé de médailles et fourbu d'honneurs.

Vous pensez si, une fois maîtres. chez eux, ils en jouèrent, de la médaille et de tout ce qui s'ensuit.

Même, ils inaugurèrent un système ingénieux, particulièrement plaisant, qu'on pourrait appeler le système de la médaille préventive, et qui consiste à fixer d'avance, pour une période de trois ou six ans, l'attribution des médailles d'honneur à des artistes déterminés. Ainsi, cette année, la médaille d'honneur doit échoir à M. Benjamin Constant; l'année suivante, à je ne sais plus qui; l'année d'après, à M. Flameng gendre. On ignore ce que ces pré-médailleux feront et s'ils feront quelque chose, s'ils seront morts ou vivants, ou bien si, désabusés de la mauvaise peinture, — ce qui n'est pas probable, d'ailleurs, — ils ne s'établiront point, dans l'intervalle, agriculteurs, avocats, journalistes ou bottiers. Il n'importe. Ils doivent avoir la médaille : ils l'auront. Et, pour donner à ce système un plus grand air d'imprévu et d'impartialité, il a été décidé, en outre, qu'une année sur quatre il ne serait pas accordé du tout de médaille d'honneur. N'est-ce pas une bien belle chose que l'art, pareillement organisé? Et comme l'Amérique a raison de nous l'envier !

La société libre aurait pu s'en tenir à ces réformes admirables et hardies. Elles suffisaient à sa gloire. Mais elle avait d'autres projets encore. Elle inventa les bourses de voyage, œuvre fé-

conde. De bons jeunes gens, en général fruits
secs des concours, furent choisis par elle, qui,
munis de trois mille francs, allèrent à Rome
pour y continuer d'une façon définitive le travail
de déformation, d'étouffement, d'impersonnalité,
commencé dans les enseignements de l'Ecole. Ce
qui faisait dire à Courbet, parlant des pension-
naires de la Villa Médicis :

— Pourquoi les envoie-t-on là-bas, ces pauvres bougres-là? Ils ne sont donc nés nulle
part?

Et ce n'est pas tout. Entre chaque tableau, au
pied de chaque statue, s'ouvrit le trou béant
d'une cagnotte; on creusa des troncs jusque sur
la porte des water-closets et la plaque de fonte
des urinoirs pour y recevoir le sou « du denier
des artistes ». Au coin de chaque salle, ainsi que
dans les magasins de nouveautés, des amorces
furent tendues à la naïveté abrutie des passants.
Dans les escaliers, les vestibules, alternant avec
les tapisseries et les gigantesques croûtes, des
affiches s'étalèrent, omnicolores et braquant sur
le porte-monnaie du public la gueule de mille
canons chargés de chiffres de fort calibre. Et les
loteries succédèrent aux loteries, les tombolas
aux tombolas. On s'attendait même à voir de
vieux prix de Rome, aveugles et vermineux, une
sébile sur le ventre, une clarinette sous le bras,
nasiller d'une voix dolente dans les groupes :
« Pour les pauvres artistes français, mon bon

monsieur, s'il vous plaît! » Ce qui en l'ancien
Salon, — bien timoré pourtant, bien rétrograde,
— ce qui, par delà les routines administratives,
les intrigues inévitables, les compétitions farouches, surnageait encore d'un peu propre, d'un
peu respectable, d'un peu artiste, fut noyé dans
le Salon nouveau. Une lueur, bien faible, bien
tremblotante, brûlait encore dans la lampe sacrée
du temple. La Société libre l'éteignit.

Aujourd'hui les artistes se réunissent. Ils vont
renommer le comité de quatre-vingt-dix membres, dont les pouvoirs expirent. L'agitation est
grande en ce monde spécial. Les ateliers se trans-
forment en centres mystérieux de conspiration.
Des hommes farouches glissent le long des murs,
se hâtant à de sombres rendez-vous. L'Institut
est inquiet. Que va-t-il se passer? M. Benjamin
Constant tremble déjà pour sa médaille promise,
et M. Flameng tourne vers son beau-père,
désormais inutile, des regards chargés d'angoisses.

Qu'est-ce que cela peut bien nous faire, je
vous le demande? Et où est l'art dans tout cela?

Les uns, les maigres, éliminés des jurys, et
privés par conséquent de tous les avantages
qu'entraîne la qualité de juré, veulent renverser
les autres, les gras, pour se gorger à leur place,

et faire exactement ce que faisaient ceux-ci. Les uns et les autres ont raison, les premiers d'attaquer, les seconds de se défendre. Et nous n'avons point à nous occuper de ces louches intérêts de boutique, de cette lutte de marchands envieux.

De même que les députés qui braillent ne sont point la France, de même ces artistes ne sont point l'Art. L'art est ailleurs. Il travaille, loin du bruit, loin des passions vaines, loin des intérêts avilissants, et poursuit son œuvre dans la paix des choses, dans l'amour de la nature, qui est la souveraine beauté et la souveraine richesse. Il fuit, de plus en plus, la cohue des Expositions où il faut subir non seulement l'imbécillité des foules, mais des contacts de camaraderie déshonorants et qui salissent. Ceux qui l'aiment savent le trouver dans la retraite où il se cache. Un siècle qui produit vingt grands artistes est un siècle fécond. Comptons les nôtres. Nous les avons. Vous pouvez reclouer vos tapisseries et nommer des comités, eh! vous, les autres, ceux des Champs-Elysées!

(Figaro, 23 décembre 1887.)

LE CHEMIN DE LA CROIX

Chaque fois que j'apprends qu'un artiste que
j'aime, qu'un écrivain que j'admire viennent
d'être décorés, j'éprouve un sentiment pénible,
et je me dis aussitôt : « Quel dommage ! » C'est
comme une atteinte portée à mon affection et à
mon admiration. Les cultes que nous élevons à
l'art sont aussi exclusifs et jaloux que ceux que
nous élevons à l'amour ; ils comportent autant de
susceptibilités ombrageuses, promptes à s'effa-
roucher, et qui mènent vite à la désillusion, car
ce que l'on aime en eux, surtout, c'est le rêve de
beauté immaculé qu'ils nous versent. Or, ce
petit bout de ruban, déteint à toutes les ordures
qu'il a touchées, suffit presque à faire s'envoler
ce rêve. Figurez-vous que vous avez rencontré,
un jour, une femme pareille aux visions des
poètes. A la regarder, votre cœur s'attendrit,
votre imagination s'exalte ; mille pensées re-

muent, en vous, délicieuses, et vous voilà parti dans un songe illuminé par cette douce figure d'ange... Et puis, le lendemain, vous la revoyez, dans un bouge, ivre, dépeignée, sur les genoux d'un rustre. Ça n'est pas douloureux, mais ça vous laisse du regret. Eh! bien, c'est un peu cette sensation que j'éprouve.

Et puis, maintenant, je ne peux m'empêcher de voir la longue file des légionnaires passer devant mes yeux, la longue file des épiciers louches, des douteux pharmaciens, de tous les vaniteux grotesques, conduits à l'honneur par des escrocs et de vieilles déclassées, tels enfin que, dans leur stupéfiante caricature, nous les ont révélés les récentes aventures élyséennes. Ainsi les voilà donc, les chercheurs de lignes, les pétrisseurs de formes, les dompteurs de vie, les voilà semblables aux vendeurs de saumure, comme dit Flaubert, et placés sur le même pavois de vanité que les spécialistes dont les noms et les recettes hantent l'ammoniacale et confidente pénombre des réduits vespasiens! Quelle pitié! Et chacun sait tellement ce que vaut l'aune de ce ruban banal, comment il se mètre, se sous-mètre et se périmètre, en dehors même des agences, que le premier venu peut en prendre aujourd'hui, à la taille de sa boutonnière, au moyen d'une obstination modérée et de quelques démarches faciles. On s'étonne même que les grands magasins n'en tiennent pas comptoir, que certains

journaux ne l'offrent pas en prime à leurs abonnés,
ayant soin d'en diversifier la longueur et la forme
d'après la durée de l'abonnement, et que, dans
les rues, sous les portes cochères, de faux estro-
piés ne le débitent, le long d'une baguette, entre
des chaînes de sûreté, pour deux sous. Riez de
ma naïveté, mais j'en suis encore à m'étonner
qu'un artiste vraiment artiste, qu'un écrivain
vraiment écrivain mettent tant d'âpreté et se
laissent souvent entraîner à tant d'intrigues
pour conquérir cette croix qui n'est plus bonne
qu'à servir de hochet-réclame entre les mâchoires
automatiques des dentistes américains. Et je me
demande sincèrement ce que cela peut bien leur
faire et quelle satisfaction ils en tirent?

Tenez, nous avons un artiste grandissime :
Auguste Rodin. Connu de quelques amis seulement, il y a dix ans, le succès lui vient aujour-
d'hui, et, demain la gloire l'attend. Et cette gloire
sera en même temps une justice, car Rodin aura
été vraiment le sculpteur de ce siècle. Aussi
magnifique ouvrier que Barye, plus sensitif, plus
poète, plus créateur que lui, il est le premier qui
aura fait chanter et pleurer au marbre et au
bronze tous les poèmes de passion, tous les
drames de l'âme humaine. Et on le décore.
Qu'est-ce que la croix d'honneur a de commun
avec un génie tel que celui de Rodin? Pourquoi
lui et pas un de ces jolis médiocres comme il y
en a tant, épousseteurs de plâtre et barboteurs de

terre, qui avaient, ce semble, bien besoin de cela
pour écouler leurs petits moulages?

L'artiste est un être privilégié par la qualité
intellectuelle de ses jouissances et par ses souffrances elles-mêmes, où il arrache l'effort nécessaire à l'enfantement de son œuvre. Plus directement que les autres hommes en communication
avec la nature, il voit, découvre, comprend, dans
l'infini frémissement de la vie, des choses que les
autres ne verront, ne découvriront, ne comprendront jamais. Ses yeux, sa pensée ont de conti-
nuels émerveillements; ils ont aussi de conti-
nuelles désespérances. Devant le mystère qu'est
le frisson de la vie, et qu'il est impossible
d'étreindre complètement pour le fixer en un
vers, sur une toile, dans du marbre, devant cette
grâce, cette fantaisie, cette sensibilité sans cesse
renaissantes, devant cette palpitation qui monte
de la fleur menue et de l'humble brin d'herbe,
le plus triomphant des artistes, même un Shakespeare, même un Velasquez, même un Rodin,
se sent bien petit et bien impuissant. Les plus
admirables, ceux qui ont approché le plus près
du secret que la nature recèle, ont été aussi les
plus modestes. C'est que la réalisation a toujours
été impérieuse au rêve, et c'est le rêve qu'ils
poursuivent. De là leurs tortures, et de là leurs
efforts, chaque jour, plus poussés d'élan. Et c'est
avec un bout de ruban, ce ruban qui traîne dans
les tiroirs des agents d'affaires véreux, et qui

vient rouler jusque sur les bancs des polices correctionnelles, qu'on voudrait consoler les artistes et les encourager, quand le caractère même de leurs préoccupations semble devoir les sauvegarder de ces vanités puériles et basses !

Mais, ministres entêtés que vous êtes, vous avez des places publiques à orner, des monuments à bâtir, des murs à couvrir de peintures. Donnez des travaux au lieu de croix. Utilisez le génie d'un Rodin, assez vaste pour donner à ce siècle une impérissable gloire, au lieu de lui décerner d'illusoires récompenses, pareilles à celles dont vous accablez les fabricants de caoutchouc et les courtiers électoraux.

***

M. Turquet, qui n'était point, paraît-il, un homme supérieur, avait néanmoins compris l'inutilité des décorations aux artistes. Voici comment la chose arriva :

C'était à l'Exposition des œuvres de François Bonvin, organisée, il y a deux ans dans une galerie de la rue Scribe. Le pauvre vieil artiste était déjà malade du mal qui devait l'emporter. Je le revois encore, le brave père Bonvin, avec son large chapeau, sa large redingote d'instituteur et sa figure spirituelle et malicieuse que grippait la paralysie commençante. Il était heureux de se retrouver au milieu de ses tableaux, si heureux que les larmes lui coulaient des yeux.

— C'est bête, me disait-il, de pleurer comme ça. Mais qu'est-ce que vous voulez? Ce sont mes enfants, après tout, et il y en a là que je n'ai pas revus depuis trente ans...

M. Turquet vint à passer, solennel comme une commission, et plus bureaucratique à lui seul que tout un ministère. Quelqu'un l'avait averti que « c'était très bien ». Et il longeait les murs d'un air connaisseur, s'arrêtant parfois devant une toile.

— Joli ton... disait-il.

Nous l'aperçûmes qui, plus loin, traçait dans l'air, avec son doigt, des ronds isolateurs, comme font les peintres. Bref, il paraissait satisfait. Sa tournée finie, il demanda qu'on lui présentât François Bonvin :

— Vous êtes un maître! déclara-t-il. Il y a dans vos tableaux une saveur flamande... très... très flamande... vous êtes un maître flamand!

— Pardon! interrompit le bonhomme... je suis de Montrouge.

M. Turquet s'inclina, et il allait se retirer, quand ses yeux s'arrêtèrent sur la boutonnière du vieux peintre.

— Comment! vous n'êtes que chevalier? C'est une injustice. Un vieux maître comme vous?... Un sous-secrétaire d'État comme moi! Monsieur Bonvin!...

Il prit un air très grave :

— Monsieur Bonvin... Demain, à trois heures,
j'accompagnerai M. le Président de la République
à votre exposition. Il verra tout ça. Je lui dirai :
« C'est un vieux maître ! » Et vous recevrez la
croix d'officier. A trois heures.

Le lendemain, Bonvin fut exact au rendez-
vous. Mais il attendit vainement. Aucun n'apparut, ni de M. Turquet, ni de M. le Président
de la République. La nuit vint, les portes se fer-
mèrent, et le vieil artiste tristement s'en alla.
Depuis lors, il n'entendit jamais plus parler de
M. Turquet.

Plus tard, un ami du peintre se rendit dans le
cabinet du sous-secrétaire d'État et lui rappela
sa promesse. Celui-ci avait réfléchi ; il s'était dit
qu'il serait bien inutile de troubler les derniers
jours d'un grand artiste en le décorant.

— Je lui ferai une vaste commande ! promit-il.

— Mais il est aveugle, paralysé. Il ne travaille plus.

— Alors, je la ferai à mon gendre !

Et comme l'ami insistait, M. Turquet le con-
gédia du regard, d'un regard qui voulait dire :

— Un mot de plus... Et je lui fais enlever sa
croix de chevalier.

***

M. Turquet avait raison, cela ne rime à rien
de décorer les artistes. C'est comme si on leur
offrait un sabre d'honneur, avec la liste de leurs

œuvres et des inscriptions louangeuses gravées
sur la lame damasquinée. Et il serait beau, il
serait moral que les artistes peintres, sculpteurs,
hommes de lettres, formassent une ligue contre
la Légion d'honneur, une ligue qui n'aurait
besoin ni de président honoraire, ni de président
en fonction, ni de délégués, ni de gymnastes, ni
d'orphéonistes, une ligue dont les manifestations
seraient simples et précises : refuser la croix sans
mots sonores, sans gestes de théâtre, non seulement parce qu'on en a fait un abus qui la décon-
sidère, mais parce qu'elle sert à un usage régulier,
quotidien, qui ne regarde, en aucune façon, les
artistes.

La croix a été fondée pour les militaires. Elle
se plaît sur les uniformes, parmi les buffleteries,
les cuivreries, les pompons et les panaches, mais
elle fait piteuse mine sur les vestes d'atelier,
parmi les poussières de plâtre, les grattages de
palettes, et les petits bourbiers noirs où la plume
des poètes va piquer le sonnet bleu comme l'azur
du ciel, ou rouge comme le sang des douleurs.

(Figaro, 16 janvier 1888.)

ORAISON FUNÈBRE

M. Cabanel est mort, chargé d'honneur, écrasé par les discours, étouffé par les délirantes apologies des critiques, ainsi qu'il convient à un homme, très illustre, qui présida cinquante académies, fut membre honoraire de cinquante autres, et décoré d'ordres bizarres et inconnus que lui seul avait. Le maître des cérémonies qui, derrière le cercueil, marchait, portant sur un coussin, les croix, les colliers, les crachats du mort, a dû faire de mélancoliques réflexions sur ce fragile rêve de la Peinture contemporaine qu'il balançait, au bout de ses bras.

M. Cabanel était, je pense, un honnête artiste; j'entends qu'il peignit des toiles innombrables et très chères, couvrit des murs en toute conscience, et que, s'il manqua de génie à un point que l'on ne saurait dire, cela ne fut point sa faute. De l'artiste, il avait aussi ce qui, au jugement de Stendhal, en fait la marque la plus caractéristique : l'intolérance. Sous ce rapport —

et sous ce rapport seul, — il est permis d'affirmer qu'en aucun temps, dans aucun pays, on ne vit un aussi grand, un aussi considérable, un aussi opiniâtre artiste que M. Cabanel. Comme il était médiocre, médiocre immensément, médiocre avec passion, avec rage, avec férocité, il ne souffrait pas qu'un peintre ne fût point médiocre, et il se montrait impitoyable au génie et à tout ce qui y ressemble. Benvenuto Cellini, le brave orfèvre, avait trouvé un moyen radical et plaisant de se défaire des Cabanels de son époque : il les assassinait. M. Cabanel, lui, traita les Benvenuto Cellini de la même façon ; mais, plus raffiné que l'immortel statuaire du *Persée*, il les assassinait moralement. Avec une persistance touchante et qui, jamais ne se lassa, il façonna ses élèves — et M. Bouguereau sait s'il en avait, — à la médiocrité la plus scrupuleuse, en même temps qu'il livrait aux indépendants une guerre acharnée et sans merci. On lui doit M. Gervex et une multitude de brillants panoramistes. Osez dire, après cela, qu'il n'était pas moderne.

Lorsque M. Antonin Proust organisa, à l'École des Beaux-Arts, une triomphante exposition des œuvres de Manet, mort, M. Cabanel faillit mourir de honte devant le sanctuaire profané. Manet dans ce temple ! dans ce temple ! habitué aux leçons augustes de M. Boulanger, de M. Gérôme, de lui, M. Cabanel ! Manet, ce chien obscène qui allait souiller le tabernacle,

polluer le sacré ciboire! Manet que, toute sa
vie, il avait obstinément traqué, sans relâche
poursuivi, chassé du Salon, désigné à la haine
publique, livré à l'avilissante risée de la chronique respectueuse! Manet! Le coup fut rude.
M. Cabanel espéra que l'École s'effondrerait
toute seule, ensevelissant le barbare sous ses
décombres indignés. Hélas! les vestibules ne
protestèrent pas; les salles restèrent muettes,
les murs acceptèrent l'infamie d'avoir, clouées
sur leur surface sainte, les toiles réprouvées et
honnies. Et la foule vint, se précipita, étonnée,
charmée, conquise par l'admirable et vivace
génie du maître disparu. Alors, M. Cabanel parla
de démissionner, de s'exiler, de briser ses pinceaux. On ne parvint à le calmer un peu qu'en
lui découvrant une nouvelle Académie dont il
n'était pas et dont il fut. Car je pense que les
Académies ne furent créées que pour le spécial
usage de M. Cabanel, lequel était le chef indiscuté
de ce parti international et formidable, connu
sous le nom de Panacadémisme.

En 1796, Bonaparte alla visiter le couvent des
Grâces où se trouvait, dans le réfectoire, la
grande fresque de Léonard de Vinci, *la Cène*.
Ses dragons, qui étaient gais, jugèrent que ce
réfectoire ferait une excellente écurie. Ils défon-

cèrent les portes, s'installèrent dans le réfectoire, eux et leurs chevaux, et, pour se divertir, lancèrent des briques, joyeusement, à la tête des apôtres. L'un d'eux, ajoute la chronique, plus gai encore que les autres, poussa même la plaisanterie, bien française, jusqu'à barbouiller de cirage le visage de Judas. A cette époque, personne ne s'indigna contre cet acte de vandalisme. De nos jours, on colle des affiches électorales sur l'admirable groupe de Carpeaux ; des aventuriers politiques vont salir, de leur sordide bave, une des plus belles œuvres de ce siècle. Je ne vois pas que l'on se soit donné la peine de protester, ni de rechercher les auteurs de ce viol monstrueux. Tout cela n'est rien. Mais, par exemple, ne vous avisez pas de déposer une appréciation irrespectueuse au bas de la gloire de M. Cabanel. Les critiques, qui sont des maîtres, font en général bon marché des compositions bibliques, allégoriques, historiques, de M. Cabanel, sous le prétexte qu'elles manquent d'inspiration et de « vigueur de touche », encore que le dessin en soit grandiose, prétendent-ils. Mais ils défendent qu'on discute ses portraits, lesquels sont une gloire nationale. Les militaires et les camelots ne le pourraient. Ils n'auraient garde d'ailleurs de le faire, parce qu'ils admireraient d'instinct. Pourquoi ces portraits sont-ils une gloire nationale, tandis que ces compositions ne sont que des œuvres indifférentes et quelconques ? Voilà

ce qu'on ne saura jamais, car il y a dans la
critique d'art des inepties qui resteront toujours
inéclaircies. On n'enlèvera pas cette opinion que
M. Cabanel fut le peintre de la femme. Toutes
ses académies, ses croix, toute sa gloire, vient
de cette opinion que M. Cabanel est le peintre de
la Femme. Cette grâce, cette souplesse, ce rayonnement de la peau, cette floraison de la chair, ce
rêve des prunelles, ce mystère des nuques, ce
frisson des lumières sur les jeunes carnations, ce
parfum des cheveux aux reflets de ciel, cette
ivresse qui monte des corsages, cette vie inquié-
tante des mains, à la fois déchirements et
caresses : ce qu'il y a en elle de la fleur exquise,
de l'animal charmeur, du sphinx terrible, tout
cela ce n'est ni M. Renoir, ni M. Sargent, ni
M. Whistler, ni M. Helleu qui l'ont exprimé. Il
paraît que c'est M. Cabanel, le seul Cabanel,
peintre de la Femme.

Il arriva même, à M. Cabanel, une étrange
fortune. Un jour, il eut l'idée de peindre une
religieuse. Cette religieuse était assise sur une
chaise, dans la morne attitude des modèles d'atelier. Il y avait près d'elle un bureau, et sa robe
noire s'enlevait en noir sur un fond gris. Cela fut
jugé extraordinaire. Que M. Cabanel eût l'audace
de peindre une robe noire sur un fond gris, on
n'en revenait pas. Personne, avant lui, ne s'était
aventuré en une si savante, si vivante et si péril-
leuse harmonie. C'était une conquête nouvelle de

l'art sur la nature.... le déchirement d'un voile
par où s'ouvraient des horizons inexplorés. Le
jour que la religieuse noire sur fond gris défila,
dans son cadre, devant le jury, des acclamations
retentirent. L'enthousiasme mettait des folies
dans les yeux tordus d'admiration : « Mais c'est
du Manet ! » hurlèrent les jeunes. Il fut convenu
que c'était du Manet. Et M. Cabanel se sentit
prodigieusement heureux de cet éloge. Puis,
quand on observa que sur la figure de la religieuse, il y avait des lumières lilas, alors
l'enthousiasme ne connut plus de bornes.
Qu'allait dire l'Institut en présence de cette
hardiesse ? Vraiment Cabanel allait trop loin. Des
lumières lilas ! des ombres bleues ! Mais c'était
la guerre déclarée à la routine, la peinture
s'affranchissait définitivement de toutes les
formules usées, de toutes les conventions rétro-
grades. Et M. Bouguereau restait sombre, son-
geant à enduire les cuisses de ses nymphes de
violets brutaux et de bleus hurleurs. Durant
deux mois, des foules passèrent extasiées devant
cette robe noire, ce fond gris, ces lumières lilas,
ces ombres bleues. M. Zola lui-même, converti
au naturalisme de l'Académie, proclama que
c'était très bien.

****

De la pâte déteinte à tous les mélanges, des
combinaisons ocreuses et terre desiennesques

délayées dans tous les copals, dans toutes les essences; un dessin veule, sans un accent, sans une émotion, sans une observation personnelle; des souvenirs d'école, de musée; une main habituée à la prestidigitation de la forme, à l'escamotement des lignes caractéristiques; une âme de Prix de Rome avec un œil de photographe. Tel a été M. Cabanel. Sa gloire, ses croix, ses académies, ne prévaudront pas contre ce fait.

Un mot peut le résumer. Il eut horreur de la nature; ou, plutôt, il l'ignora.

Jamais il ne se douta qu'il y avait de l'air, de la lumière, de la vie.

Si j'avais une épitaphe à inscrire sur sa tombe, je mettrais simplement ceci : « Ci-gît un professeur : Il professa. »

(Écho de Paris, 8 février 1889.)

J.-F. RAFFAELLI

M. Jules Lemaître prétend que tout a été dit,
que tout a été fait, que, par conséquent, il est
inutile, sinon ridicule, de dire ou de faire quoi
que ce soit. On doit s'asseoir sur le bord du
chemin, regarder M. Renan passer et tourner
silencieusement ses pouces. Telle est la fonction
du littérateur moderne. Elle est séduisante. Et,
souvent, j'ai redouté que M. Jules Lemaître ne
prêchât d'exemple ; que, dans un accès de dilet-
tantisme aigu, il prît la résolution de ne plus rien
dire et de ne plus rien faire. Ce qui nous prive-
rait, assurément, de fantaisies charmantes et
hebdomadaires, et, peut-être, — qui sait ! —
d'œuvres fortes. Il faut s'attendre à tant d'imprévu, avec le capricieux et spirituel lettré, qui
serait bien capable d'avoir du génie, un jour,
rien que pour se donner le malin plaisir de se
contredire et de nous étonner ! Mais je veux croire

que M. Jules Lemaître se trompe, et qu'il reste
encore, dans le champ moissonné de l'esprit
humain, quelques glanes à ramasser, même après
M. Chantavoine, même après M. Hugues Leroux.

Comme démonstration, voici M. J.-F. Raffaelli,
dont les *Types de Paris* viennent de paraître :
une publication de grand intérêt et qui résume
assez fidèlement l'œuvre de ce puissant peintre.
M. Raffaelli a, lui, inventé quelque chose dans
son art, c'est-à-dire qu'il a exprimé des sensations
dont personne ne s'était avisé avant lui. Il est
vrai que c'est un peintre, et que ces sortes d'inventions ne touchent guère M. Jules Lemaître.
Pourtant, tout peintre qu'il est, M. Raffaelli a fait
entrer dans le domaine de l'art pur et, partant,
dans l'intellectualité, une série d'êtres et de
choses dont on ne s'était point préoccupé jusqu'ici et que l'École normale ne jugeait pas,
sans doute, assez nobles pour qu'elle permît à
des professeurs de les aimer. Si civilisés que
nous soyons, nous gardons toujours de notre
hérédité grossière, fortifiée en grossièreté par
notre éducation, un fonds d'inférieure tendresse,
d'émerveillement esclave pour tout ce qui reluit,
une admiration exclusive et lâche pour les belles
étoffes éclatantes, pour les santés brutales, les
natures riches et les insolents soleils. La douleur
elle-même, si elle veut plaire à nos âmes de parvenus, doit avoir de longues traînes de dentelles
et d'authentiques quartiers de noblesse. Et la

mort ne nous apparaîtra vraiment amusante et
de bon goût que si le mort ou la morte, en mou-
rant, lègue aux jeunes fiancés qui pleurent, des
millions, des châteaux et du bonheur de théâtre à
en approvisionner le Gymnase pendant cent ans.
Le romantisme, et, après lui, le réalisme, qui
valent, comme doctrines, ce que valent toutes les
écoles, c'est-à-dire rien, ont eu, du moins, le
mérite de reculer considérablement l'horizon de
l'investigation artiste, et de nous faire comprendre
que toute la nature, même celle réputée hideuse,
parce qu'elle ne se manifeste pas en peluches de
salons ou en marbres d'écuries, est, pour celui
qui sent, qui est ému sincèrement, une source
d'éternelle, de toujours neuve beauté. Mais nous
ne sentirons cette vérité complètement que le
jour où toutes les castes seront abolies, et que
l'idéal de la convention artistique ne sera plus le
privilège, odieux et mensonger, d'une seule
classe, parce qu'elle est riche.

Grâce à M. Raffaelli, la banlieue de Paris —
ce monde intermédiaire et bizarre, à la fois
grouillant et abandonné, qui n'est plus la ville et
qui n'est pas encore la campagne, où rien ne
finit, et où rien ne commence, où les hommes,
épaves des misères sociales, : petites vies bourgeoises, métiers mystérieux, rôdes nocturnes,
écrasements prolétariens; où les ciels charriant
avec la suie des cheminées d'usine, l'âcre odeur
des poussières urbaines; où les paysages, faits

de végétations étiolées, de profils gris, de silhouettes désolées, d'horizons fumeux, de détritus
et de gravats relevés, çà et là, de la cassure vive
d'une tuile ou du luisant d'un morceau de verre,
ont un caractère si particulier de souffrance et de
révolte, une si poignante couleur de mélancolie,
— a conquis sa place dans l'idéal. Victor Hugo,
dans les *Misérables*, avait bien eu le pressentiment de cette poésie complexe et nouvelle, la
sensation de ces drames de modernité. Mais cela
resta, chez lui, à l'état de pressentiment brut.
Trop enclin aux exaltations lyriques, il eut seulement l'instinct vague de cette beauté et n'en
sut dégager ni une forme précise, ni un type
vivant.

C'est bien à M. Raffaelli que revient l'honneur
de cette découverte. Un littérateur qui n'eût été
que littérateur, un peintre qui n'eût été que
peintre ne l'eussent pas faite. Il fallait, pour la
réalisation d'une telle œuvre, la concordance, dans
un même esprit, de cette double émotion et de
cette sensibilité jumelle ; il était nécessaire qu'à
des qualités de vision picturale, maîtresses, se
mélassent des qualités d'observation, d'ordre
purement littéraire, aiguës ; car, non seulement
cette œuvre est admirablement pittoresque, elle
a aussi une haute signification sociale. Elle
affirme le droit à la vie, le droit à la pitié de l'art,
le droit à la beauté pour les petits, les souffrants,
les réprouvés. Ce n'est point un pamphlet, ni

l'acte de foi d'un apôtre, ni l'acte de doctrine d'un théoricien; c'est l'explication raisonnée et rendue sensible, par des idées et par des couleurs, par des attitudes, des formes, des mouvements d'âme, et des paysages de tout un milieu social, s'agitant dans l'ombre étouffante que projette sur lui l'inexorable ville.

J'espère que M. Raffaelli ne m'en voudra pas de cette constatation. Il y a des peintres qui ne souffrent pas qu'on les accuse de littérature. Ils peignent, et voilà tout. Insinuer qu'ils pensent leur est presque un outrage. Et il arrive ceci : quand on dit de leurs tableaux qu'ils suggèrent quelque chose, ils sont furieux et s'écrient : « Ah! ça, me prend-on pour un romancier? » mais si l'on déclare qu'ils ne suggèrent rien, ils se tiennent pour dûment insultés et s'écrient : « Me prend-on pour un imbécile? » M. Raffaelli n'est pas de ces petites espèces qui restreignent l'art à une manifestation unique; il est de ceux au contraire qui professent que l'art est une combinaison harmonique des sons, des couleurs, des formes et des pensées.

**

M. Raffaelli est essentiellement un moderne; j'entends qu'il a le sens et l'amour de la modernité, ce qui est plus rare qu'on ne se l'imagine. Beaucoup de peintres se croient modernes parce

que, délaissant les tuniques grecques, les casques
romains et les pourpoints de là Renaissance, ils
vêtent leurs modèles de fracs à revers de soie ou
de robes à la dernière mode. Mais, sous les fracs
et sous les robes, les corps restent quelconques :
formules apprises à l'école, contours d'atelier,
souvenirs de musée. Et les physionomies ne
reflètent aucune des particularités morales de
« l'habitude contemporaine ». Elles viennent de
la Cyrénaïque ou de Tanagra, d'Athènes ou de
Rome, de Milan, du temps de Ludovic le Maure,
ou de Florence du temps de Laurent de Médicis.
C'est-à-dire qu'elles ne viennent de nulle part.
L'art de M. Raffaelli est tout différent parce qu'il
est réellement de l'art, c'est-à-dire le résultat
d'une émotion personnelle. Avec ce qu'il y a
d'immuable dans le fatalisme humain, M. Raffaelli reproduit les états d'âme spéciaux à notre
époque, spéciaux surtout à une catégorie dite de
notre époque. Par les figures qu'il nous représente, et par-delà ces figures, s'aperçoivent nettement la vie, ses luttes, ses conflits hiérarchiques,
ses égoïsmes homicides, ses inanités. Elles nous
content, ces figures, non pas seulement l'histoire
de leur intimité morale, mais l'histoire des milieux sociaux où elles évoluèrent, les habitudes
qu'elles y prirent, les souffrances, les joies, les
résignations ou les révoltes qu'elles en gardent.
M. Raffaelli a même noté avec une précision
extrême du caractère, saisi avec une étonnante

intelligence des nuances, les déformations mus-
culaires et anatomiques, inhérentes et variables
à chaque métier, si bien que ses personnages on
les reconnaît tout de suite à leur démarche, à
leurs tics, à tout ce que le labeur a mis sur eux
d'accentuation physique. Et, toutes ces évocations, l'artiste ne va pas les demander à la vulgaire anecdote d'une composition scéniquement
arrangée, à la trop facile compréhension des
attributs et des accessoires chargés d'allégoriser
le *motif*; tout le drame se concentre dans l'expression des gestes, dans le mouvement des
attitudes, dans l'accord intime des figures avec
leur naturelle ambiance : intérieurs de pauvreté
et de travail; paysages de détresse où les cheminées fumeuses remplacent les arbres, où le pâle
soleil suburbain rit à travers les treilles épam-
prées des guinguettes; où la Seine roule ses
eaux malfaisantes, entre des berges hérissées de
poulies et de machines, écrasées par les char-
rois... Et les mains! les grosses mains, si lentes
et si gourdes, les mains nouées d'exostoses et
raidies par les calus, ces mains vénérables et
canailles, aux tendons étirés, aux muscles évidés,
ces mains tout en apophyses et en jointures, qui
semblent des machines ou des bêtes, avec quel
accent de pitié elles disent les dures besognes
journalières et les crispations formidables sur les
outils, armes de vie dont elles rêvent parfois de
faire des armes de mort!

En artiste curieux de tout ce qui émeut,
M. Raffaelli n'a pas voulu spécialiser ses obser--
vations à la seule banlieue. Il a peint des por--
traits, rapporté de Jersey des études de plage
charmantes ; de Londres, des types et des scènes
de la rue, grouillants de vérité et de vie. En tout
ce qu'il a tenté il a mis l'empreinte de son talent
original, l'accent de sa personnalité et de son
pénétrant esprit. Fidèle à sa doctrine d'art, il a
cherché toujours, jusque dans les plus rapides
impressions, le caractère des êtres et des choses.
Mais peut-être ne retrouve-t-on pas ici, dans leur
ampleur et dans leur charme suggestif, ces qualités maîtresses de force et d'émotion, par où, là,
il s'élève si haut. Ou bien les retrouve-t-on peut-
être trop également distribuées en des sujets qui
demanderaient, quelquefois, je pense, un peu
plus de légèreté de main et une plus délicate
sensibilité de l'œil. C'est une observation à coup
sûr bien subtile et qui n'enlève rien à l'admiration que j'ai de ce peintre puissant. Ce que je
veux dire, c'est que je préfère M. Raffaelli, dans
ces études de la banlieue de Paris, qu'il a faites
siennes, études si larges, si profondes, si humaines, où il restera inimitable, et qui me
donne à moi le frisson des grandes œuvres.

(Écho de Paris, 8 mai 1889.)

CLAUDE MONET

M. Claude Monet expose, chez MM. Boussod et Valadon, une série de toiles incomparables. Je n'ai pas à rendre compte ici de cette exposition, et je le regrette, car elle offre un tout à fait exceptionnel intérêt d'art par l'étonnante diversité et la nouveauté hardie des sensations exprimées en ces œuvres, — paysages, marines et figures, — sensations qu'aucun peintre, à aucune époque, n'exprima, je crois, avec cette passion de la vie, avec cette force d'éloquence et ce charme de sensibilité, avec, surtout, cette supérieure intelligence des grandes harmonies de la nature. Je veux seulement, à cette occasion, parler du très rare, du très puissant artiste qu'est M. Claude Monet, si toutefois, en ces temps d'agitations imbéciles, il est permis de s'occuper encore de quelque chose de noble, où la boueuse politique n'a rien à voir.

**

En peinture, tout le monde est le maître ou l'élève de quelqu'un, suivant qu'on est vieux ou jeune, et plus ou moins décoré. Lorsqu'on n'a point de génie, on le professe pour le compte d'autrui ; ou devient cette chose impudente et burlesque : professeur d'art. Transmettre de génération en génération, théoriquement, mécaniquement, des lois fixes du beau ; enseigner l'art d'être ému, d'une façon correcte et semblable, devant un morceau de nature, comme on apprend à métrer des pièces de soie ou à confectionner des boîtes, cela semble, au premier abord, un extravagant métier. Cependant, il n'en est pas de plus honoré et qui rapporte davantage. Le maître met son amour-propre à posséder le plus d'élèves possible, l'élève à copier le plus fidèlement possible la manière du maître, lequel copia son maître, qui lui-même copia le sien. Et cela remonte, de la sorte, d'élèves en maîtres jusqu'aux siècles les plus lointains de nous. Cette suite ininterrompue de gens se copiant les uns les autres à travers les âges, nous l'appelons la tradition. Elle est infiniment respectée. Les gouvernements, aidés des critiques d'art et amateurs, veillent à ce qu'elle soit officiellement continuée et qu'aucun accident fâcheux n'en vienne briser la chaîne ; ils lui donnent des ministères, des écoles, des instituts, et ils la protègent contre les personnalités géniales qui, de temps à autre, tentent de la rompre. Avec M. Claude Monet, nous sommes loin de la tradition. Une de ses grandes originalités, ce qu'on ne peut vraiment lui pardonner, c'est qu'il n'a été l'élève de personne. Il se trouve dans cette situation rare et bienheureuse de n'avoir pas d'état civil artistique. Aucun Cabanel ne le baptisa, aucun Bouguereau. Dans les livrets d'exposition et les catalogues de vente, il figure avec son nom seul, sans accolade d'aucun maître. Très jeune, il est vrai, il entra à l'atelier du père Gleyre, mais, quand il eut compris et vérifié l'étrange cuisine qu'on faisait là, il s'empressa de fuir sans avoir déplié son carton ni ouvert sa boîte de couleurs. Il eut alors une idée de génie, mais fort irrévérencieuse, et par quoi, certainement, il vaut d'être devenu l'admirable peintre qu'il est : il ne copia aucun tableau du Louvre. Même il découvrit qu'il y avait, dans la nature, des personnages, des arbres, des fleurs, de l'eau, de la lumière, et que cela vivait et que cela était beau, d'une beauté souveraine, sans cesse renouvelée, d'une toujours claire, fraîche et saine jeunesse et que cela valait tous les maîtres s'écaillant tristement, en leurs cadres dédorés, sous les successives couches de vernis et de poussière dont ils sont affligés. Non point qu'il fût réfractaire aux mérites d'un Giotto, d'un Holbein, d'un Vélasquez, d'un Delacroix, d'un Daumier et

d'un Ho-Kusaï. Nul plus que lui n'avait l'âme
pour les sentir et pour les aimer ; mais il se dit,
avec raison, que chacun doit faire son œuvre,
c'est-à-dire exprimer sa propre émotion, et non
point recommencer celle des autres. Il partait de
ce principe que la loi du monde est le mouvement,
que l'art, comme la littérature, comme la
musique, la science et la philosophie, est conti-
nuellement en marche vers de nouvelles recherches et de nouvelles conquêtes ; que les découvertes de demain succèdent aux découvertes d'hier,
et qu'il n'y a point d'époques définitives comme
le croit M. Renan, ni d'hommes sacrés en qui se
soit à jamais fixé le dernier effort de l'esprit
humain.

M. Claude Monet admira ces gloires du passé
et ne s'y attarda pas, de même qu'il ne s'était pas
attardé dans les ateliers des professeurs contemporains. Il regarda la nature où dort encore le
trésor du génie que le souffle de l'homme n'a pas
réveillé ; il vécut en elle, ébloui par l'inépuisable
magie de ses formes changeantes, de ses musiques
inentendues, et il laissa courir, vagabonder son
rêve sur le léger, le féerique rêve de lumière qui
enveloppe toutes les choses vivantes et qui fait
vivre toutes les choses mortes de la vie charmante
des couleurs. Il ne voulut point d'autre maître
qu'elle.

Si bien doué que l'on se sente, si peu porté que
l'on soit à l'imitation, un jeune homme, dans sa

hâte de produire, aux prises avec les tâtonnements du début, avec les difficultés d'une technique rebelle et d'une éducation de l'œil si lente
à se faire, est fatalement destiné à subir l'influence
de ses premières admirations et de ses premiers
enthousiasmes. En ses premières toiles, si pleines
d'effort, de volonté, de qualités personnelles, où
déjà se devine la maîtrise future de l'artiste, on
sent néanmoins l'influence de Courbet et de sa
manière noire, puis celle de Manet et de ce grand
peintre méconnu, M. Camille Pissarro. Il s'en rendit
compte, car personne ne fut plus sévère pour ses
œuvres que M. Monet, et il mit toute son énergie,
par une communication encore plus intime et plus
abstraite avec la nature, à se défaire de ces
quelques souvenirs extérieurs qui nuisaient au
développement complet de sa personnalité.

Bientôt, à force d'isolement, de concentration
en soi, à force d'oubli esthétique de tout ce qui
n'était pas le motif de l'heure présente, son œil
se forma au feu capricieux, au frisson des plus
subtiles lumières, sa main s'affermit et s'assouplit
en même temps à l'imprévu, parfois déroutant,
de la ligne aérienne ; sa palette s'éclaircit. Il divisa
son travail sur un plan méthodique, rationnel,
d'une inflexible rigueur, en quelque sorte mathéma-
tique. En quelques années il arriva à se débarrasser des conventions, des réminiscences, à n'avoir
plus qu'un parti-pris, celui de la sincérité, qu'une
passion, celle de la vie. Et c'est la vie, en effet,

qui emplit ces toiles d'un art tout nouveau et qui
étonne, la vie de l'air, la vie de l'eau, la vie si
compliquée des lumières, synthétisée en d'admirables hardiesses. La clameur est grande ; l'insulte
est prête à saluer ce grand effort, le rire montre
les dents et lance sa bave. Qu'importe ? Un peintre
est né, qui nous apporte enfin des harmonies
neuves. Et son œuvre déjà est immense.

Je ne puis malheureusement, en ce court
article, suivre M. Claude Monet dans sa vie artiste
et dans son œuvre : il faudrait l'espace d'un
volume. Je ne puis non plus raconter ses luttes,
les scandaleux refus au Salon de ses toiles
superbes, ses expositions avec les impressionnistes, ses découragements vite surmontés et
aussitôt suivis de travaux acharnés, car il avait un
but et il y marchait, droit devant lui, à peine
arrêté de temps à autre par les misères d'une
existence où il sentait à chaque pas l'hostilité
embusquée. Aujourd'hui M. Claude Monet a
vaincu la haine, il a forcé l'entourage à se taire.
Il est ce qu'on appelle *arrivé*. Si quelques obstinés
pour qui l'art n'est que la résurrection des formes
glacées et des formules mortes discutent encore
les tendances de son talent, ils ne discutent plus
ce talent qui s'est imposé de lui-même par sa
propre force et son charme si intense qui pénètre
au plus profond des sensations de l'homme. Des

amateurs qui riaient autrefois, s'honorent de
posséder des tableaux de lui ; des peintres, les
plus acharnés à se moquer jadis, s'acharnent à
l'imiter. Et lui-même vit dans la plus belle, dans
la plus inaltérable sérénité d'art où un artiste
puisse se réfugier.

Ce qui distingue ce talent de M. Claude Monet,
c'est sa grandiose et savante simplicité ; c'est son
implacable harmonie. Il a tout exprimé, même
les fugitifs effets de lumière ; même l'insaisissable,
même l'inexprimable, c'est-à-dire le mouvement
des choses inertes ou invisibles, comme la vie des
météores ; et rien n'est livré au hasard de l'inspiration, même heureuse, à la fantaisie du coup de
pinceau, même génial. Tout est combiné, tout
s'accorde avec les lois atmosphériques, avec la
marche régulière et précise des phénomènes
terrestres ou célestes. C'est pourquoi il nous donne
l'illusion complète de la vie. La vie chante dans
la sonorité de ses lointains, elle fleurit, parfumée,
avec ses gerbes de fleurs, elle éclate en nappes
chaudes de soleil, se voile dans l'effacement
mystérieux des brumes, s'attriste sur la nudité
sauvage des rochers, modelée ainsi que des visages
de vieillards. Les grands drames de la nature, il
les saisit, les rend, en leur expression la plus
suggestive.

Aussi nous respirons vraiment dans sa toile
les senteurs de la terre ; des souffles de brises
marines nous apportent aux oreilles ces orchestres

hurlants du large ou la chanson apaisée des
criques ; nous voyons les terres se soulever sous
l'amoureux travail des sèves bouillonnantes, le
soleil décroître ou monter le long des troncs
d'arbres, l'ombre envahir progressivement les
verdures ou les nappes d'eau qui s'endorment
dans la gloire pourprée des soirs ou se réveillent
dans la fraîche virginité des matins. Tout
s'anime, bruit, se colore ou se décolore, suivant
l'heure qu'il nous représente et suivant la lente
ascension et le lent décours des astres distribu-
teurs de clartés. Et il nous arrive cette impression
que bien des fois j'ai ressentie en regardant les
tableaux de M. Claude Monet : c'est que l'art
disparaît, s'efface, et que nous ne nous trouvons
plus qu'en présence de la nature vivante complètement conquise et domptée par ce miraculeux
peintre. Devant ses mers farouches de Belle-Isle
ou ses mers souriantes d'Antibes et de Bordighera,
souvent j'ai oublié qu'elles étaient faites sur un
morceau de toile avec de la pâte, et il me semblait
que j'étais couché sur les grèves et que je suivais
d'un œil charmé le vivant rêve qui monte de l'eau
brillante et se perd, à travers l'infini, par-delà la
ligne d'horizon confondue avec le ciel.

Aucun n'aura mené une existence plus belle
que M. Claude Monet, car il a incarné l'art dans

sa propre chair, et il ne vit qu'en lui et par lui,
d'une vie de travail incessante et rude. Admirable
et curieuse folie qui est la sagesse suprême, car
il aura connu des joies suprêmes que bien peu
connaissent. Paris ne pouvait convenir avec sa
fièvre, ses hâtes, ses vaines intrigues, à un contem-
plateur obstiné, à un passionné de la vie des
choses, comme l'est M. Claude Monet. Il habite la
campagne dans un superbe paysage, en constante
compagnie de ses modèles, et le plein air est son
unique atelier. Aucun n'est plus orné de richesses
que celui-là. On peut le voir, installé dès l'aube,
qu'il neige, qu'il vente, que le soleil monte sur la
terre, en nappe de feu, cherchant des nouveaux
horizons, impatient de découvrir quelque chose
de mieux, de voir un dessin qu'il n'ait pas vu
encore, de saisir un ton qu'il n'ait pas encore saisi.
Aujourd'hui, il s'est remis aux figures. Et comme
il inventa pour la vie des choses une poésie
nouvelle, il découvrit, pour la vie des êtres, un
art qui n'avait pas encore été tenté jusqu'ici. En
attendant, il ignore qu'il y a un Salon, des
Académies, qu'on décore les artistes, et il poursuit
loin des coteries, des intrigues, la plus belle et la
plus considérable parmi les œuvres de ce temps.

(Figaro, 10 mars 1889.)

AUGUSTE RODIN

L'Exposition qui vient de s'ouvrir dans les
galeries de M. Georges Petit, rue de Sèze, a été
un colossal, un écrasant succès pour les deux
merveilleux artistes à qui nous la devons : Claude
Monet, Auguste Rodin. Non seulement elle les
met à leur rang, mais elle les place, hors de
pair. Ce sont eux qui, dans ce siècle, incarnent
le plus glorieusement, le plus définitivement,
ces deux arts magnifiques. : la peinture et la
sculpture. A cela, il n'y a pas de doute possible.
Les vanités, les jalousies, les ignorances, les
impuissances ne peuvent rien contre cette vérité
éclatante, inscrite sur les murs de la rue de Sèze,
en d'admirables chefs-d'œuvre. Lorsqu'il entre
dans cette galerie, le visiteur, même le plus
réfractaire aux joies de l'esprit, le plus fermé aux
supérieures. compréhensions de l'art, éprouve
comme une puissance sensuelle, comme un

trouble physique, devant l'éblouissement de
cette lumière, et la sublime beauté de ces formes.
S'il ne peut se rendre compte de la sensation
étrange et forte qui naît en lui, analyser les
secousses nerveuses qui remontent de sa chair à
son cerveau, du moins, il sait qu'il est en présence de quelque chose de sacré comme une
création, de quelque chose qui dompte et viole
son inertie mentale et l'emplit de respect, de
quelque chose qui n'est autre que le génie. Et il
ne rit plus.

***

J'ai tenté d'ailleurs d'exprimer mon admiration
pour l'unique, l'immense œuvre de M. Claude
Monet. Je voudrais tenter d'exprimer, même
dans le cadre bref du journal, l'admiration que
m'inspire l'œuvre extraordinaire de M. Auguste
Rodin. Je ne puis malheureusement que la
résumer en notations écourtées, en impressions
décousues. Il m'est impossible par exemple de
décrire le groupe des *Bourgeois de Calais*, qui
comporte trop de sentiments, trop de pensées
symbolisés dans trop de formes sublimes, pour
que je puisse faire tenir dans l'espace d'un article
ce drame humain, cette colossale évocation de
l'histoire; car ce groupe est plus que l'œuvre d'un
génial statuaire, c'est l'œuvre d'un grand cerveau,
familier avec les plus hautes conceptions de la
pensée métaphysique.

En tête d'une magistrale étude consacrée à M. Auguste Rodin, M. Gustave Geffroy a placé cette observation de Stendhal : « Depuis deux siècles, une prétendue politique proscrivait les passions fortes, et, à force de les comprimer, elle les avait anéanties ; on ne les trouvait plus que dans les villages. Le xixe siècle va leur rendre leurs droits. Si un Michel-Ange nous était donné dans nos jours de lumière, où ne parviendrait-il point ? Quel torrent de sensations nouvelles et de jouissances ne répandrait-il pas dans un public si bien préparé par le théâtre et les romans ? Peut-être créerait-il une sculpture moderne, peut-être forcerait-il cet art à exprimer les passions, si toutefois les passions lui conviennent. Du moins, Michel-Ange lui ferait-il exprimer les états de l'âme. La tête de Tancrède après la mort de Clorinde, Imogène apprenant l'infidélité de Posthumus, la douce physionomie d'Herminie, arrivant chez les bergers, les traits contractés de Macduff demandant l'histoire du meurtre de ses petits-enfants ; Othello, après avoir tué Desdemone, le groupe de Roméo et Juliette se réveillant dans le tombeau, Ugo et Parisina écoutant leur arrêt de la bouche de Nicdo, paraîtraient sur le marbre et l'antique tomberait au second rang. »

En 1817, Stendhal avait prévu Auguste Rodin. Par une de ces visions sur l'avenir intellectuel des races, comme en avait si souvent ce profond

esprit, il décrit clairement cet art qui n'était pas
né encore, et qu'il ne devait pas avoir la joie
de voir réalisé par des œuvres magnifiques.
D'ailleurs, l'eût-il aimé, cet art? Je me pose
cette question avec une grande mélancolie. En
peinture et en sculpture, il a aimé tant de choses
laides; il a admiré Canova!

En effet, c'est bien l'art de Rodin résumé en
ces quelques lignes de Stendhal, mais ce n'est
pas tout l'art de ce prestigieux statuaire. Car
Rodin a exprimé plus que des passions, il a
exprimé de la pensée. Il a fait plus encore et, ce
que Stendhal lui-même n'eût pas cru possible, il
a synthétisé, par d'inoubliables conceptions, plus
éloquemment qu'aucun littérateur, plus fortement qu'aucun psychologue, l'état de l'âme
contemporaine et la maladie morale du siècle.
Aussi adorateur de la beauté de la forme
éternelle que l'Antique, initiateur de mille attitudes corporelles, régénérateur de la tradition
plastique, il a pu, sans rompre l'équilibre anatomique, en dotant l'art de beautés nouvelles, il a
pu, non seulement forcer le marbre à se tordre
sous la douleur et la volupté, il a pu encore le
forcer à crier la suprême souffrance de la négation
moderne, à pleurer les dévorantes larmes de
l'inassouvi et les chutes de l'homme, d'idéal en
idéal, jusqu'à sa couchée dans le néant. Ce qu'il
y a de poignant dans les figures de Rodin, c'est
que nous nous retrouvons en elles, c'est que

nous y mirons nos désenchantements ; c'est que, suivant une belle expression de M. Stéphane Mallarmé, « elles sont nos douloureux camarades ».

Tout l'art de Rodin est dans ce petit bronze, plus douloureux que n'importe lequel des vers de Baudelaire : le buste droit, la gorge en avant et fleurie de chair tentatrice, le corps horizontal et vibrant comme une flèche qui déchire l'air, la face cruelle, inexorable, la femme est emportée à travers des espaces. Elle est belle de cette inétreignable beauté qu'ont les chimères que nous poursuivons, qu'ont les rêves que nous n'atteindrons jamais. Renversé sur ce corps horizontal, est le corps d'un adolescent, anatomie de souffrance. Ses bras, repliés en arrière, cherchent à étreindre ce torse implacable, ses jambes qui pendent voudraient arrêter ce corps qui fuit. Nul enlacement de ces deux êtres ; aucune partie de ces deux vies charnelles ne se joint. Et cependant tout dans cet enfant, suppliant et vaincu, a soif d'amour, d'idéal, d'embrassement, toutes choses par quoi il meurt, qui sont là, à portée de sa main, à portée de son âme et que sa main ne saisira jamais et dont son âme jamais ne connaîtra la possession. La femme fuit : elle ne se détournera pas ; toutes les aspirations de la vie, toutes les désespérances sont là, exprimées seulement par des formes, par des modèles, par d'admirables inventions de la ligne et d'extraor-

dinaires concordances des courbes et qui font
naître et chanter le poème de la souffrance
humaine.

Je voudrais multiplier les exemples, car quelle
est la douleur intérieure, quelle est la beauté
vivante de la nature, quel est l'inassouvi des
possessions charnelles, quelle est la tristesse des
luxures, quel est aussi l'héroïsme des embras-
sements humains que n'ait point rendus Auguste
Rodin! Mais je dois me borner aujourd'hui à une
constatation.

(*Echo de Paris*, 25 juin 1889.)

LES PEINTRES PRIMÉS

M. William Bouguereau s'était contenté jusqu'ici de nous montrer sa peinture. Ses nymphes,
ses vierges, ses apôtres, ses petits amours, ses
petits saint Jean, soufflés de crème et poudrés de
sucre, toute cette pâtisserie fadasse, toute cette
sirupeuse confiserie, nous les connaissions depuis
longtemps, et elles n'avaient rien à nous apprendre.
Nous avions même été charmés de voir que, par
une innovation opportune et gracieuse qui donne
à celui qui en est l'objet un joli air d'immortalité pour rire, l'Etat avait, devant les propres
œuvres de M. William Bouguereau, inauguré
son buste. Mais nous ne connaissions pas les
idées de M. William Bouguereau, nous ne
savions même pas s'il en avait. Eh! bien, oui, il
en a. M. Bouguereau a consenti à nous les exprimer. Elles sont d'une grande hauteur, et telles
qu'on les attendait d'un homme qui a son buste

devant ses œuvres. L'opinion de M. William Bouguereau sur la peinture contemporaine est fort
brève. Elle tient, toute, en ceci : qu'il est parfaitement honteux d'avoir accordé la première
place à l'Exposition à Edouard Manet, tandis que
cette place devait tout naturellement échoir à
M. William Bouguereau. Manet, avec son spirituel sourire, dominant la table de délibération du
jury, comment peut-on dire, vraiment, que ce soit
là, de l'art ? En outre, M. William Bouguereau se
plaint, non sans amertume, que des médailles
aient été distribuées, par un jury incompétent et
sans doute troublé par l'ironique présence de
Manet, à des peintres qui ne les méritaient pas ou
qui méritaient mieux que des médailles. Il eût
été pourtant si simple de tout concilier en attri-
buant toutes les places de cimaise et toutes les
médailles disponibles au seul M. Bouguereau, et
aussi en accompagnant son buste de quelques
statues en pied et de quelques statues à cheval
habilement disséminées, çà et là, dans les salles.
Il ressort clairement des idées artistiques, expli-
quées par M. William Bouguereau que « le niveau
de l'art » eût monté à des hauteurs insolites et
non encore atteintes si le jury des récompenses
avait été exclusivement composé de M. William
Bouguereau et de son buste équestre, de même
que si toutes les places avaient été remplies par
les œuvres de M. William Bouguereau. Pour
M. William Bouguereau, l'art n'est donc réelle-

ment qu'une question de places, de médailles et
de jury ? Et, là où il n'y a plus de médailles ni
de gens qui les distribuent à M. William Bouguereau, il n'y a plus d'art. Au moins, voilà une
esthétique qui a le mérite de n'être pas compliquée ; M. Larroumet lui-même comprendrait. Ce
bon M. Larroumet !

Et voyez comme tout s'enchaîne. C'est aux
infortunes concursives de M. Benjamin Constant
que nous devons de connaître le fonds et le tréfonds du sac aux idées de M. William Bouguereau. Voici comment.

Il faut dire que M. Benjamin Constant n'a pas
de chance. M. Benjamin Constant n'est pas le
premier barbouilleur venu, il s'en faut. Si l'on
mesure la valeur d'un peintre à la dimension de
ses tableaux, — et pourquoi ne ferait-on pas
ainsi ? — il est de toute évidence que M. Benjamin Constant est le plus grand peintre de notre
époque. Aucun ne saurait rivaliser avec lui. Et
quels cadres ! Sur ces toiles immenses assez
longues, assez larges pour abriter des banquets
boulangistes, M. Benjamin Constant avait accou-
tumé d'étendre quelque chose de très sombre et
de très sale ; une combinaison de vésicatoires et
de matières empireumatiques, d'épaisses dilu-
tions de vieux jus cuits, recuits et surcuits, des
marinades de vieux cuirs et de vieilles pipes
culottées, des égouttements de vieux tapis, dont
l'assemblage et la mixture avaient fait dire à des

connaisseurs que c'était là de l'Orient et du vrai !
Et, dans cet Orient aux lumières poisseuses,
aux ombres gluantes, nul ne savait mieux que
M. Benjamin Constant fait reluire, en trompe-
l'œil, des émeraudes sur la gorge des odalisques
saurées comme des harengs de Hollande, étin-
celer des rubis aux doigts des janissaires fumés
comme des andouilles de Bretagne. Lorsque,
délaissant l'Orient, il peignait, avec les mêmes
ingrédients, des portraits de femmes occidentales,
il advenait aussi, que, par une spéciale notion du
dessin et de l'anatomie, M. Benjamin Constant
oubliait de mentionner des parties essentielles,
sans lesquelles un portrait pas plus qu'un
modèle ne peuvent vivre. Je me souviens d'une
femme en robe verte à qui le ventre tout entier
manquait. Donc, M. Benjamin Constant possé-
dait toutes les qualités requises pour obtenir la
médaille d'honneur. On sait comment s'obtien
cette médaille. C'est un roulement. Quand les
artistes français se constituèrent en Société libre
pour la gloire et pour l'affranchissement de l'art,
vous m'entendez bien, il fut convenu que tels et
tels peintres auraient la médaille d'honneur, à
tour de rôle, même non exposants, même morts.
On avait même pensé à les médailler d'un seul
coup, en bloc, ce qui eût été franc. Mais cette
mesure fut jugée d'une gloire trop rapide et d'un
trop subit affranchissement. On décida, au contraire, pour donner à cette combinaison un

caractère de spontanéité, une apparence d'imprévu, on décida qu'une année sur quatre il ne serait distribué aucune médaille d'honneur. M. Benjamin Constant se trouvait parmi les élus ; on avait fixé l'année où cet évènement historique devait s'accomplir. Et M. Benjamin Constant, confiant dans l'avenir de cette médaille antespective et de ce préventif honneur, continuait d'accumuler sur son Orient les ténèbres les plus livardeuses.

On avait, hélas ! compté sans M. Edouard Detaille qui, l'année dernière, — l'année fatale réservée à M. Benjamin Constant, — découvrit sans crier gare un problème de psychologie militaire. Il s'agissait de savoir à quoi rêvent les soldats. Personne n'en savait rien, sauf M. Edouard Detaille, qui voulut bien nous l'expliquer. Et ce fut un beau moment pour la France, et pour la Société des Artistes français, que le *Rêve* de M. Detaille. Jusqu'ici, nous nous imaginions que les soldats, abrutis de disciplines imbéciles, écrasés de fatigues torturantes, rêvent — quand ils rêvent, — à l'époque de leur libération au jour béni où ils ne sentiront plus le sac leur couper les épaules, ni les grossières et féroces injures des sous-officiers leur remplir l'âme de haine. Nous croyions qu'ils rêvaient à de vagues vengeances contre l'adjudant et le sergent-major, qui les traitent comme des chiens ; à la petite payse laissée, là-bas, au village lointain, aux tasses de bouillon et aux fonds de bouteilles de

vin qu'une ingénieuse cuisinière leur garde pour
les jours de congé ; et aussi, parfois, à l'effroi de
la mort qui les guette on ne sait où dans des
champs inconnus ou dans l'air homicide des
casernes. A voir le petit soldat se promener si
triste, si seul, si nostalgique, il nous était permis
d'inférer que, après les dures besognes et les
douloureuses blessures de la journée, ses rêves
de la nuit n'étaient ni de joie, ni de gloire.
M. Detaille nous prouva que, tels, au contraire,
étaient les rêves du soldat français. Il nous
apprit, avec un luxe inouï de boutons de guêtres,
en une inoubliable évocation de passementeries
patriotiques, que le soldat français ne rêve
qu'aux gloires du passé, et que, lorsqu'il dort,
harassé, malheureux, défilent toujours, dans son
sommeil, les splendeurs héroïques de la Grande
Armée, Marengo, Austerlitz, Borodino et, parmi
la fumée des canons et l'ivresse des drapeaux
déchirés et conquis, Napoléon, vainqueur du
monde et père du petit soldat. Il fallut bien s'in-
cliner devant cette œuvre qu'on eût dit — selon
le mot d'un juré, — peinte par la Patrie elle-
même. Et M. Detaille, dont le tour de médaille
n'était pourtant pas arrivé, l'emporta sur l'infortuné M. Benjamin Constant, qui fut renvoyé à
l'année suivante.

Hélas ! l'année suivante, M. Dagnan-Bouveret
nous revenait directement du Jura avec un lot
choisi de Bretonnes. Elles étaient assises en rond

sur la terre foulée. Au loin, se profilait un petit clocher dont on entendait sonner les cloches, comme dans l'*Angelus* de Millet. On ne put moins faire que de donner, du même coup, deux médailles d'honneur à M. Dagnan-Bouveret.

Et voilà pourquoi les peintres médaillés refusent leurs médailles et remplissent les journaux de leurs doléances; pourquoi M. Bouguereau est triste, pourquoi M. Benjamin Constant...

Non, mais est-ce qu'ils ne commencent pas à comprendre, les peintres, qu'ils sont prodigieusement ridicules, à vouloir être primés comme des animaux gras et médaillés comme des commissionnaires? Et dire que s'ils n'avaient devant eux cette perspective des médailles, la plupart seraient de braves épiciers et d'honnêtes notaires! Et quand je dis « honnêtes », vous m'entendez bien... c'est pour le rythme.

(*Echo de Paris*, 25 juillet 1889.)

SUR LES COMMISSIONS

Je ne voudrais pas revenir sur l'incident, vraiment attristant et scandaleux, d'une commission refusant à M. Auguste Rodin son admirable monument de Victor Hugo. Au train dont vont les choses aujourd'hui, cette affaire est, à cette heure, en partie oubliée du public, qui, d'ailleurs, ne l'a peut-être jamais connue. Mais on en peut tirer quelques considérations générales et particulières d'un caractère malheureusement tout platonique. Elles n'empêcheront dans l'avenir aucun crime de ce genre, car il est dit quelque part que, dans les sociétés bourgeoises, l'artiste s'agite et que les commissions le mènent. M. Auguste Rodin, dont l'amitié m'est chère, me pardonnera donc de ramener l'attention, pendant la fugitive minute que dure la réalité d'un article de journal, sur cette aventure invraisemblable qu'il a été le premier à

accepter avec une bonne grâce hautaine et supérieure. Interrogé par un ami indigné sur l'effet
moral que lui avait causé une résolution si
inattendue, il répondit par ces mots, qui
pourraient servir d'épigraphe à ces lignes :
« Travaillons, travaillons. Le reste n'est rien. »

Jules II, visitant la Chapelle Sixtine, tandis
que Michel-Ange y travaillait à ses immortelles
fresques, se permit un jour des observations
critiques sur la manière dont le grand et farouche
artiste interprétait le *Jugement dernier*, et il lui
demanda, sur un ton impératif, des retouches.
Michel-Ange s'emporta et pria le Pape de se
retirer aussitôt. « Est-ce que je vous chicane sur
vos bulles? » dit-il. Il lui enjoignit même, sous
la menace de démonter ses échafauds, il lui
enjoignit de ne plus remettre les pieds dans la
Chapelle, jamais, tant que les travaux n'en
seraient pas achevés. Jules II comprit qu'il avait
commis une action déplacée et que cela ne le
regardait pas. Il obéit. Il est vrai que ce n'était
qu'un pape.

Aujourd'hui, l'on est parvenu à suffrage-uni-
versaliser l'art comme le reste. Un artiste, dans
un temps de liberté, n'est plus libre de travailler
suivant son génie. Il doit obéir aux commissions,
aux sous-commissions, aux subdivisions des

sous-commissions, et rien ne se fait que par elles. A l'intelligence personnelle de celui qu'elles ont élu pour exécuter un monument, une statue, un plafond, une fresque murale, à l'originale conception du statuaire ou du peintre, à son savoir, à sa volonté, elles substituent les plates incompréhensions, les idées vulgaires, l'autorité fate et grotesque d'un groupe d'incapables et d'intrigants qui s'érigent en juges suprêmes de choses dont ils n'entendent pas le premier mot. Ce n'est pas seulement un choix souvent détestable qu'elles font, ces commissions, c'est un mandat impératif qu'elles donnent. Et elles sont infaillibles, elles sont inviolables, dans la toute-puissance de leur imbécillité collective, dans le despotisme de leurs ignorances réunies. Elles surveillent, ordonnent, corrigent, professent, blâment et refusent avec une inaltérable impudence, avec une incompétence tellement définitive qu'on se demande si c'est vraiment la mauvaise foi qui les guide, ou bien la naïveté.

La part est égale, j'imagine, entre ces deux sentiments. Quoi qu'il en soit, il ne serait plus possible, avec nos mœurs parlementaires, de traiter une commission comme Michel-Ange traitait, jadis, Jules II. Et l'artiste qui se permettrait de lui fermer la porte de son atelier, d'en appeler de cette tyrannie bourgeoise à sa propre indépendance, serait un artiste à jamais perdu. M. Roger-Ballu, M. Armand Gouzien, M. Antonin Proust, M. Paul Mantz, etc., sans qui il n'est pas de bonnes commissions, remplacent les Borgia et les Léon X, et ils sont autrement puissants et absolutistes. Défense est faite par eux de s'élever au-dessus d'un idéal de bureau ou d'un rêve d'antichambre. Tout ce qui est vivant et grand, tout ce qui s'efforce à briser le moule de l'éternelle routine, tout ce qui porte en soi la marque de la flamme sacrée, tout cela est persécuté, banni, rejeté hors les distributions des faveurs officielles et des commandes d'État.

C'est pourquoi, dans nos jardins publics et sur les places des villes, sur les murs de nos édifices nationaux, aux plafonds de nos palais, nous ne voyons que des sculptures hideuses et de déshonorantes peintures qui reflètent, non point la pensée individuelle de l'artiste qui les créa, mais la collectivité grossière des ratés haineux et des fonctionnaires abrutis qui les admirent et les voulurent telles. A l'exception de Barye, de Carpeaux, de Puvis de Chavannes et d'Auguste Rodin, dont on voit çà et là, non sans étonnement, fulgurer les lumineuses traces parmi l'horreur moderne des monuments nationaux et le morne ennui des jardins publics, on ne se heurte partout qu'aux impuissances, aux avortements, aux laideurs consacrés par les commissions. C'est l'âme organisatrice de M. Roger Ballu qui gonfle les corps de pierre, circule à travers le bronze et le marbre et secoue sur la claire légèreté des pastels la poussière noire des bureaux de la rue de Valois; c'est l'intrépide pensée de M. Antonin Proust qui bouillonne au fond des tubes de couleur, gambade sur les palettes et sourit à la pointe complaisante des pinceaux; c'est l'esprit de M. Paul Mantz qui plane aux plafonds, hante le crépi des fresques; et M. Kaempfen est partout dans l'œuvre contemporaine, comme Dieu dans l'univers.

Parmi les membres de la commission qui assume l'étrange et coutumière responsabilité de repousser un chef-d'œuvre, une œuvre de pur et grand génie, outre l'inquiétant M. Dalou, se trouvait M. Kaempfen. Il y en avait beaucoup d'autres, mais je prends M. Kaempfen comme étalon de la médiocrité tyrannique de cette réunion d'hommes s'acharnant sur une œuvre d'art. Le cas de M. Dalou est tout autre, M. Dalou ayant agi, non pas en artiste, mais en confrère. M. Kaempfen, lui, c'est en artiste qu'il agit dans cette occasion. Mis en présence du monument de M. Auguste Rodin, il déclara tout de suite et sans la moindre hésitation « que cela ne se silhouettait pas assez ». — « Pardon! aurait répondu M. Rodin, c'est précisément ce que j'ai voulu faire. Le « silhouettage » ne convient pas du tout à l'esprit de cette œuvre. Ce que j'ai tenté, c'est une sensation de grand mystère et de grande sérénité qu'auraient certainement

troublée des lignes heurtées et des déchiquetages
trop violents. Loin de chercher à silhouetter
ce monument, j'ai cherché au contraire à le
bloquer. » M. Kaempfen, pour comprendre l'idée
de grand poète qu'avait eue ce grand sculpteur,
n'avait qu'à regarder ce poème vivant de vie
sublime et de rêve réalisé. Mais, pour regarder
ces choses et en ressentir le frisson qu'elles donnent, il faut non seulement avoir des yeux, mais
il faut posséder une âme qui puisse, sous la
beauté apparente, trouver la beauté cachée par
laquelle s'ennoblissent aussi bien les figures de
chair et les figures de marbre.

Et, quand on a une âme, on n'est pas d'une
commission. C'était, dans une ombre de mystère,
la résurrection humaine, la resplendissante
apparition du poète. Et il était là, avec son œil
déchiré, ses oreilles de faune chanteur et son
front où s'illuminèrent la pensée d'un siècle et
l'amour d'un monde. Autour de lui des sirènes
douces, amoureuses et tragiques lui chantaient
ce que lui-même chanta à l'univers conquis et
charmé : l'amour, la pitié, la justice, la souffrance ; et il les écoutait chanter, tout enivré de
ces harmonies et de ces musiques qui, dans
l'ombre de mystère, le baignaient de clartés
radieuses et de presque surnaturelles lumières.

Mais M. Kaempfen voulait que « ça se
silhouettât ». Et le silhouettage pour M. Kaempfen était ceci : Victor Hugo, avec la traditionnelle

tête d'orage et le vent de Guernesey dans ses
cheveux, posé de trois quarts sur un rocher et
burinant un vers de bronze sur un feuillet de
bronze à demi déroulé, avec une plume de
bronze qui se brise sous l'effort de l'inspiration.
M. Kaempfen n'aurait pas, non plus, été l'en-
nemi, pour compléter « le silhouettage » d'une
allégorie renaissance et pendulesque, une déesse
drapée à l'antique, étoilée comme la réclame de
la bière de la Comète et montrant, d'un doigt
indicateur, à Victor Hugo, l'escalier A de l'Immortalité. Ah! cet homme est plein d'idées généreuses et sublimes.

Or, qu'est donc M. Kaempfen pour obliger un
artiste de la valeur de M. Rodin à recommencer
une œuvre dont il ne peut accuser que soi-même
de ne l'avoir pas comprise? M. Kaempfen dirige
les musées nationaux. Il habite le Louvre,
comme Charles IX, élève ses enfants dans le
berceau d'Henri IV, s'entoure familièrement de
meubles historiques d'un prix inestimable et,
de temps en temps, met le feu à tout cela. Voilà
tout. Il paraît que c'est un homme excellent
et le plus inoffensif du monde, et né pour être
fonctionnaire. Il essaya bien de contrarier cette
vocation impérieuse et originelle et à la détourner
dans les lettres. Humblement, il découpa, dans
le *Temps*, trois fois par semaine, quelques petites
nouvelles artistiques, et il arriva que sa vocation
se fortifiait chaque jour, au lieu de s'atténuer.

C'est là qu'il apprit comment devait « se silhouetter » un bloc de marbre. On le nomma
inspecteur des Beaux-Arts, et il n'inspecta pas;
directeur des Beaux-Arts, et il ne dirigea rien.
Tels sont les titres que possède M. Kaempfen à
diriger les musées nationaux et à faire partie,
par conséquent, des commissions, de toutes les
commissions.

N'est-ce point un véritable scandale et une
révoltante anomalie de mettre un artiste sous la
surveillance et la dépendance d'hommes qui lui
sont notoirement inférieurs, d'emprisonner son
activité intellectuelle, son génie créateur dans
l'opinion de gens qui sont d'une commission
parce que les uns sont critiques d'art, les autres
inspecteurs des beaux-arts ou directeurs de musée,
c'est-à-dire les titulaires de fonctions chimé-
riques et indéfinissables, uniquement créées pour
ceux-là seuls qui n'ont rien pu faire dans la vie,
ni un livre, ni un vaudeville, ni une pièce de
vers, ni un tableau, ni une cantate, ni une
maison, ni un article de journal, ni une paire de
bottes!

Je me suis borné à montrer un des côtés du
rôle destructeur des commissions dans les Beaux-
Arts : ce rôle est le même partout, à tous les
degrés de la vie politique et sociale. Que de bien,
que de progrès, que de justice, peut-être, dorment

dans l'inviolable hypogée des tiroirs et le tombeau des dossiers! Les pauvres gens demandent, de plus en plus, un peu de bonheur. Peut-être que ce peu de bonheur est enfoui sous des amas d'inutiles paperasses, dans les commissions parlementaires et autres, où le cri de douleur de l'humanité est mieux et plus sûrement étouffé que dans les palais des anciens rois.

Mais tout se tient dans notre système politique. Et les commissions vivront autant que lui. Pour toucher à celles-ci, il faudrait d'abord abattre celui-là, ce qui me paraît difficile, quand un peuple est occupé au pari mutuel et aux courses de taureaux.

(Le Figaro, 10 août 1890.)

PAUL GAUGUIN

J'apprends que M. Paul Gauguin va partir
pour Tahiti. Son intention est de vivre là, plusieurs années, seul, d'y construire sa hutte, d'y
retravailler à neuf à des choses qui le hantent.
Le cas d'un homme fuyant la civilisation, recher-
chant volontairement l'oubli et le silence, pour
mieux se sentir, pour mieux écouter les voix
intérieures qui s'étouffent au bruit de nos passions et de nos disputes, m'a paru curieux et
touchant. M. Paul Gauguin est un artiste très
exceptionnel, très troublant, qui ne se manifeste guère au public et que, par conséquent, le
public connaît peu. Je m'étais bien des fois pro-
mis de parler de lui. Hélas! je ne sais pourquoi,
il me semble que l'on n'a plus le temps de rien.
Et puis, j'ai peut-être reculé devant la difficulté
d'une telle tâche et la crainte de mal parler d'un
homme pour qui je professe une haute et tout à

6

fait particulière estime. Fixer en notes brèves et
rapides la signification de l'art si compliqué et si
primitif, si clair et si obscur, si barbare et si raffiné de M. Gauguin, n'est-ce point chose irréali-
sable, je veux dire au-dessus de mes forces? Pour
faire comprendre un tel homme et une telle
œuvre, il faudrait des développements que
m'interdit la parcimonieuse exigence d'une
chronique. Cependant, je crois qu'en indiquant,
tout d'abord, les attaches intellectuelles de
M. Gauguin et en résumant, par quelques traits
caractéristiques, sa vie étrange et tourmentée,
l'œuvre s'éclaire, elle-même, d'une vive lumière.

M. Paul Gauguin est né de parents, sinon très
riches, du moins qui connurent l'aisance et la
douceur de vivre. Son père collaborait au *National*, d'Armand Marrast, avec Thiers et Degouve-
Denuncques. Il mourut en mer, en 1852, au cours
d'un voyage au Pérou, qui fut, je crois bien, un
exil. Il a laissé le souvenir d'une âme forte et
d'une intelligence haute. Sa mère, née au Pérou,
était la fille de Flora Tristan, de cette belle,
ardente, énergique Flora Tristan, auteur de beaucoup de livres de socialisme et d'art, et qui prit
une part si active dans le mouvement des pha-
lanstériens. Je sais d'elle un livre : *Promenades
dans Londres*, où se trouvent d'admirables, de

généreux élans de pitié. M. Paul Gauguin eut
donc, dès le berceau, l'exemple de ces deux
forces morales où se forment et se trempent les
esprits supérieurs : la lutte et lé rêve. Très douce
et choyée fut son enfance. Elle se développa,
heureuse, dans cette atmosphère familiale, tout
imprégnée encore de l'influence spirituelle de
l'homme extraordinaire qui fut certainement le
plus grand de ce siècle, du seul en qui, depuis
Jésus, s'est véritablement incarné le sens du
divin : de Fourier.

A l'âge de seize ans, il s'engage comme mate-
lot pour cesser des études qui coûtaient trop à sa
mère; car la fortune avait disparu avec le père
mort. Il voyage. Il traverse des mers inconnues,
va sous des soleils nouveaux, entrevoit des races
primitives et de prodigieuses flores. Et il ne pense
pas. Il ne pense à rien, — du moins, il le croit, —
il ne pense à rien qu'à son dur métier auquel il
consacre toute son activité de jeune homme bien
portant et fortement musclé. Pourtant, dans le
silence des nuits de quart, inconsciemment, il
prend le goût du rêve et de l'infini; et, quelquefois, aux heures de repos, il dessine, mais sans
but aucun et comme pour « tuer le temps ». Sensations courtes, d'ailleurs, et qui n'ont que de
faibles répercussions dans son être cérébral;
brèves échappées sur les lumineux, sur les mystérieux horizons du monde intérieur, tout de
suite refermés. Il n'a point encore reçu le grand

choc; il n'a point encore senti naître la passion
de l'art qui va s'emparer de lui et l'étreindre tout
entier, âme et chair, jusqu'à la souffrance, jusqu'à la torture. Il n'a point conscience des
impressions énormes, puissantes, variées qui,
par un phénomène de perception insensible et
latente, entrent, s'accumulent, pénètrent, à son
insu, dans son cerveau, si profondément que,
plus tard, rentré dans la vie normale, lui viendra
l'obsésseuse nostalgie de ces soleils, de ces
races, de ces flores, de cet Océan Pacifique où il
s'étonnera de retrouver comme le berceau de sa
race à lui, et qui semble l'avoir bercé, dans les
autrefois, de chansons maternelles déjà enten-
dues.

Le voilà revenu à Paris, son temps de service
fini. Il a des charges; il faut qu'il vive et fasse
vivre les siens. M. Gauguin entre dans les
affaires. Pour l'observateur superficiel, ce ne sera
pas une des moindres bizarreries de cette exis-
tance imprévue, que le passage à la Bourse de
ce suprême artiste, comme teneur de carnet chez
un coulissier. Loin d'étouffer en lui le rêve qui
commence, la Bourse le développe, lui donne une
forme et une direction. C'est que, chez les natures
hautaines, et pour qui sait la regarder, la Bourse
est puissamment évocatrice de mystère humain.
Un grand et tragique symbole gît en elle. Au-
dessus de cette mêlée furieuse, de ce fracas de
passions hurlantes, de ces gestes tordus, de ces

effarantes ombres, on dirait que plane et survit
l'effroi d'un culte maudit. Je ne serais pas étonné
que M. Gauguin, par un naturel contrasté, par
un esprit de révolte nécessaire, ait gagné là le
douloureux amour de Jésus, amour qui, plus
tard, lui inspirera ses plus belles conceptions.

En attendant, se lève en lui un être nouveau.
La révélation en est presque soudaine. Toutes les
circonstances de sa naissance, de ses voyages, de
ses souvenirs, de sa vie actuelle, amalgamées et
fondues l'une dans l'autre, déterminent une
explosion de ses facultés artistes, d'autant plus
forte qu'elle a été plus retardée et lente à se
produire. La passion l'envahit, s'accroît, le
dévore. Tout le temps que lui laissent libre ses
travaux professionnels, il l'emploie à peindre. Il
peint avec rage. L'art devient sa préoccupation
unique. Il s'attarde au Louvre, consulte les
maîtres contemporains. Son instinct le mène aux
artistes métaphysiques, aux grands dompteurs
de la ligne, aux grands synthétistes de la forme.
Il se passionne pour Puvis de Chavannes, Degas,
Manet, Monet, Cézanne, les Japonais, connus à
cette époque de quelques privilégiés seulement.
Chose curieuse et qui s'explique par un emballement de jeunesse et, mieux, par l'inexpérience
d'un métier qui le rend mal habile à l'expression
rêvée, en dépit de ses admirations intellectuelles,
de ses prédilections esthétiques, ses premiers
essais sont naturalistes. Il s'efforce de s'affranchir

de cette tare, car il sent vivement que le naturalisme est la suppression de l'art, comme il est la
négation de la poésie, que la source de toute
émotion, de toute beauté, de toute vie, n'est pas
à la surface des êtres et des choses, et qu'elle
réside dans les profondeurs où n'atteint plus le
crochet des nocturnes chiffonniers.

Mais comment faire? Comment se recueillir? Il
est, à chaque minute, arrêté dans ses élans. La
Bourse est là qui le réclame. On ne peut suivre,
en même temps, un rêve et le cours de la rente,
s'émerveiller à d'idéales visions, pour retomber
aussitôt, de toute la hauteur d'un ciel, dans
l'enfer des liquidations de quinzaine et des
reports. M. Gauguin n'hésite plus. Il abandonne la
Bourse, qui lui faisait facile la vie matérielle, et
il se consacre tout entier, à la peinture, malgré la
menace des lendemains pénibles et les incertitudes probables des lendemains. Années de luttes
sans merci, d'efforts terribles, de désespérances
et d'ivresses, tour à tour. De cette période difficile où l'artiste se cherche, date une série de
paysages qui furent exposés, je crois, rue Laffitte,
chez les Impressionnistes. Déjà s'affirme, malgré
des réminiscences inévitables, un talent de
peintre supérieur, talent vigoureux, volontaire,
presque farouche, et charmant avec cela, et sensitif, parce qu'il est très compréhensif de la
lumière et de l'idéal qu'elle donne aux objets.
Déjà ses toiles, trop pleines de détails encore,

montrent, dans leur ordonnance, un goût décoratif tout particulier, goût que M. Gauguin a, depuis, poussé jusqu'à la perfection dans ses tableaux récents, ses poteries d'un style si étrange, et ses bois sculptés d'un art si frissonnant.

En dépit de son apparente robustesse morale, M. Gauguin est une nature inquiète, tourmentée d'infini. Jamais satisfait de ce qu'il a réalisé, il va, cherchant, toujours, un au-delà. Il sent qu'il n'a pas donné de lui ce qu'il en peut donner. Des choses confusent s'agitent en son âme; des aspirations vagues et puissantes tendent son esprit vers des voies plus abstraites, des formes d'expression plus hermétiques. Et sa pensée se reporte aux pays de lumière et de mystère qu'il a jadis traversés. Il lui semble qu'il y a là, endormis, inviolés, des éléments d'art nouveaux et conformes à son rêve. Puis, c'est la solitude, dont il a tant besoin; c'est la paix, et c'est le silence, où il s'écoutera mieux, où il se sentira vivre davantage. Il part pour la Martinique. Il y reste deux ans, ramené par la maladie : une fièvre jaune dont il a failli mourir et dont il est des mois et des mois à guérir. Mais il rapporte une suite d'éblouissantes et sévères toiles où il a conquis, enfin, toute sa personnalité, et qui marquent un progrès énorme, un acheminement rapide vers l'art espéré. Les formes ne s'y montrent plus seulement dans leur extérieure apparence; elles révèlent l'état d'esprit de celui qui les a

comprises et exprimées ainsi. Il y a, dans ces
sous-bois aux végétations, aux flores mons-
trueuses, aux figures hiératiques, aux formidables
coulées de soleil, un mystère presque religieux,
une abondance sacrée d'Eden. Et le dessin s'est
assoupli, amplifié; il ne dit plus que les choses
essentielles, la pensée. Le rêve le conduit, dans
la majesté des contours, à la synthèse spirituelle,
à l'expression éloquente et profonde. Désormais,
M. Gauguin est maître de lui. Sa main est devenue l'esclave, l'instrument docile et fidèle de son
cerveau. Il va pouvoir réaliser l'œuvre tant
cherchée.

Œuvre étrangement cérébrale, passionnante,
inégale encore, mais jusque dans ses inégalités
poignante et superbe. Œuvre douloureuse, car
pour la comprendre, pour en ressentir le choc, il
faut avoir soi-même connu la douleur et l'ironie
de la douleur, qui est le seuil du mystère. Parfois elle s'élève jusqu'à la hauteur d'un mystique
acte de foi; parfois elle s'effare et grimace dans
les ténèbres affolantes du doute. Et toujours
émane d'elle l'amer et violent arôme des
poisons de la chair. Il y a dans cette œuvre un
mélange inquiétant et savoureux de splendeur
barbare, de liturgie catholique, de rêverie
hindoue, d'imagerie gothique, de symbolisme
obscur et subtil; il y a des réalités âpres et des
vols éperdus de poésie, par où M. Gauguin crée
un art absolument personnel et tout nouveau;

art de peintre et de poète, d'apôtre et de démon,
et qui angoisse.

Dans la campagne toute jaune, d'un jaune
agonisant, en haut du coteau breton qu'une fin
d'automne tristement jaunit, en plein ciel, un
calvaire s'élève, un calvaire de bois mal équarri,
pourri, disjoint, qui étend dans l'air ses bras
gauchis. Le Christ, telle une divinité papoue,
sommairement taillé dans un tronc d'arbre par
un artiste local, le Christ piteux et barbare est
peinturluré de jaune. Au pied du calvaire des
paysannes se sont agenouillées. Indifférentes, le
corps affaissé pesamment sur la terre, elles sont
venues là parce que c'est la coutume de venir là,
un jour de Pardon. Mais leurs yeux et leurs lèvres
sont vides de prières. Elles n'ont pas une pensée,
pas un regard pour l'image de Celui qui mourut
de les aimer. Déjà, enjambant des haies, et fuyant
sous les pommiers rouges, d'autres paysannes se
hâtent vers leur bauge, heureuses d'avoir fini
leurs dévotions. Et la mélancolie de ce Christ de
bois est indicible. Sa tête a d'affreuses tristesses ;
sa chair maigre a comme des regrets de la torture
ancienne, et il semble se dire, en voyant à ses
pieds cette humanité misérable et qui ne comprend pas : « Et pourtant, si mon martyre avait
été inutile ? »

Telle est l'œuvre qui commence la série des
toiles symboliques de M. Gauguin. Je ne puis
malheureusement pas m'étendre davantage sur

cet art qui me plairait tant à étudier dans ses
différentes expressions : la sculpture, la céra-
mique, la peinture. Mais j'espère que cette brève
description suffira à révéler l'état d'esprit si
spécial de cet artiste aux hautes visées, aux
nobles vouloirs.

***

Il semble que M. Gauguin, parvenu à cette
hauteur de pensée, à cette largeur de style,
devrait acquérir une sérénité, une tranquillité
d'esprit, du repos. Mais non. Le rêve ne se repose
jamais dans cet ardent cerveau; il grandit et
s'exalte à mesure qu'il se formule davantage. Et
voilà que la nostalgie lui revient de ces pays où
s'égrenèrent ses premiers songes. Il voudrait
revivre, solitaire, quelques années, parmi les
choses qu'il a laissées de lui, là-bas. Ici, peu de
tortures lui furent épargnées; et les grands cha-
grins l'ont accablé. Il a perdu un ami tendrement
aimé, tendrement admiré, ce pauvre Vincent Van
Gogh, un des plus magnifiques tempéraments de
peintre, une des plus belles âmes d'artiste en
qui se confia notre espoir. Et puis la vie a des
exigences implacables. Le même besoin de
silence, de recueillement, de solitude absolue,
qui l'avait poussé à la Martinique, le pousse;
cette fois, plus loin encore, à Tahiti où la nature
s'adapte mieux à son rêve, où il espère que

l'Océan Pacifique aura pour lui des caresses plus
tendres, un vieil et sûr amour d'ancêtre retrouvé.

Où qu'il aille, M. Paul Gauguin peut être
assuré que notre piété l'accompagnera.

(*Écho de Paris*, 16 février 1891.)

VINCENT VAN GOGH

A l'Exposition des Indépendants, parmi quelques tentatives heureuses et, surtout, parmi beaucoup de banalités, et plus encore de fumisterie, éclatent les toiles du regretté Van Gogh. Et devant elles, et devant ce crêpe noir qui les endeuille et qui les désigne à la foule indifférente des passants, l'on se prend d'une grande tristesse à penser que ce peintre si magnifiquement doué, que ce si frissonnant, si instinctif, si visionnaire artiste, n'est plus. La perte en est cruelle, autrement plus douloureuse pour l'art, et irréparable que celle de M. Meissonier, bien que le peuple n'ait pas été convié à de fastueuses obsèques, et que le pauvre Vincent Van Gogh, en qui s'est éteint une belle flamme de génie, s'en soit allé dans la mort, aussi obscur, aussi ignoré qu'il avait vécu ignoré et obscur dans l'injuste vie.

Encore ne le faudrait-il pas juger sur les
quelques tableaux exposés en ce moment au
pavillon de la Ville de Paris, quoiqu'ils paraissent
très supérieurs, en intensité de vision, en
richesse d'expression, en puissance de style, à
tout ce qui les entoure. Certes, je ne suis
pas insensible aux recherches de lumière de
M. Georges Seurat, dont j'aime beaucoup les
paysages maritimes, d'une blondeur exquise et
profonde. Je trouve un charme très vif aux
foudroyantes atmosphères, aux grâces féminines,
aux claires élégances de M. Van Rysselberghe.
Les petites compositions de M. Denis, d'un ton
si suave, d'une enveloppe mystique si tendre,
m'attirent. Je reconnais au réalisme borné et
sans idée de M. Armand Guillaumin, une belle
patte, comme on dit, de probes et robustes qualités de métier. Et, malgré les noirs dont il salit
indûment ses figures, M. de Toulouse-Lautrec
montre une force réelle, spirituelle et tragique,
dans l'étude des physionomies et la pénétration
des caractères. Les gravures de M. Lucien Pissarro ont de la verve, de la sobriété et de la
distinction. Il n'est pas jusqu'à M. Anquetin qui,
au milieu de réminiscences flagrantes, de conventions d'école, de bizarreries ratées, de carica-
turales laideurs, ne nous offre parfois une jolie
échappée de lumière, comme cet horizon parisien, dans la toile intitulée : *Pont des Saints-
Pères*, et de savantes harmonies de gris, comme

dans tel portrait de femme. Mais aucun de ces incontestables artistes, avec lesquels il ne faudrait pas confondre M. Signac, dont la bruyante, sèche, prétentieuse nullité agace, ne me retient autant que Vincent Van Gogh. Je me sens, là, en présence de quelqu'un de plus haut, de plus maître, et qui m'inquiète, et qui m'émeut, et qui s'impose.

Ce n'est peut-être pas encore le moment de raconter Vincent Van Gogh comme il faudrait. Sa mort est trop proche et elle fut trop tragique. Les souvenirs que j'en évoquerais raviveraient des douleurs qui pleurent encore. Cette étude sera donc forcément incomplète, car ce qu'il y eut de grand et d'inattendu, et aussi, parfois, de trop violent, d'excessif dans l'âpre et délicieux talent de Van Gogh, est intimement lié aux fatalités cérébrales qui le prédestinèrent, jeune, à la mort.

*_**

Sa vie fut assez déconcertante. Il entra d'abord dans le commerce des tableaux avec son frère, mort aussi de la même mort que lui, qui dirigeait la maison Goupil au boulevard Montmartre. C'était un esprit inquiet, tourmenté, tout plein d'inspirations vagues et ardentes, perpétuellement attiré sur les sommets où s'élucident les mystères humains. On ne savait alors ce qui s'agitait en lui, de l'apôtre ou de l'artiste ; il ne le

savait pas lui-même. Il quitta bientôt le commerce pour étudier la théologie. Il avait,
paraît-il, une forte éducation littéraire et une
tendance naturelle vers le mysticisme. Ces nouvelles études semblèrent un moment avoir
donné à son âme la direction qu'elle réclamait.
Il prêcha. Sa voix retentit dans les chaires,
parmi les foules. Mais il eut de rapides déboires.
La prédication lui apparut tôt comme une chose
vaine. Il ne se sentait pas assez près des âmes
qu'il voulait conquérir, ses paroles enflammées
d'amour se heurtaient aux murs des chapelles et
des cœurs sans les pénétrer. Il pensa que l'enseignement serait plus efficace ; et, abandonnant le
prêche, il partit pour Londres où il s'établit
maître d'école. Durant quelques mois il apprit
aux petits enfants ce qui se passe en Dieu.

Évidemment tout cela semble assez étrange et
décousu. C'est pourtant bien explicable. L'artiste
impérieux qui était en lui s'ignorait encore ; il
se noyait dans l'apôtre, se perdait dans l'évan-
géliste, s'égarait à travers des forêts de rêves
qui lui étaient étrangères et obscures. Pourtant
il sentait qu'une force invincible l'appelait
quelque part, mais où ?... qu'une lumière s'allu-
merait quelque part, au bout de ces ténèbres,
mais quand ? Il en résultait un déséquilibre
moral qui l'incitait aux actions les plus disparates et les plus lointaines de lui. Ce fut à son
retour de Londres que sa vocation éclata tout à

coup. Il se mit à peindre, un jour, par hasard.
Et il se trouva que, du premier coup, cette première toile fut presque un chef-d'œuvre. Elle
révélait un instinct extraordinaire de peintre, de
merveilleuses et fortes qualités de vision, une
sensibilité aiguë qui devinait la forme vivante
et remuante sous l'aspect rigide des choses, une
éloquence, une abondance d'imagination qui
stupéfièrent ses amis. Alors Vincent Van Gogh
s'acharna. Le travail, sans trève, le travail, avec
tous ses entêtements et toutes ses ivresses,
s'empara de lui. Un besoin de produire, de créer,
lui faisait une vie sans halte, sans repos, comme
s'il eût voulu regagner le temps perdu. Cela
dura sept ans. Et la mort vint, terrible, cueillir
cette belle fleur humaine. Il laissait, le pauvre
mort, avec toutes les espérances qu'un tel artiste
pouvait faire concevoir, une œuvre considérable,
près de quatre cents toiles, et une énorme quantité de dessins dont quelques-uns sont d'absolus
chefs-d'œuvre.

Van Gogh était d'origine hollandaise, de la
patrie de Rembrandt qu'il semble avoir beaucoup aimé et beaucoup admiré. A un tempérament de cette originalité abondante, de cette
fougue, de cette sensibilité hyperesthésiée, qui
n'admettait comme guide que ses impressions
personnelles, si l'on pouvait donner une filiation

artistique, on pourrait peut-être dire que Rembrandt fut son ancêtre de prédilection, celui en qui il se sentit mieux revivre. On retrouve dans ses dessins nombreux, non point des ressemblances, mais un culte exaspéré des mêmes formes, une richesse d'invention linéaire pareille. Van Gogh n'a pas toujours la correction ni la sobriété du maître hollandais ; mais il atteint souvent à son éloquence et à sa prodigieuse faculté de rendre la vie. De la façon de sentir de Van Gogh, nous avons une indication très précise et très précieuse : ce sont les copies qu'il exécuta d'après divers tableaux de Rembrandt, de Delacroix, de Millet. Elles sont admirables. Mais ce ne sont pas, à proprement parler, des copies, ces exubérantes et grandioses restitutions. Ce sont plutôt des interprétations, par lesquelles le peintre arrive à recréer l'œuvre des autres, à la faire sienne, tout en lui conservant son esprit original et son spécial caractère. Dans *le Semeur*, de Millet, rendu si surhumainement beau par Van Gogh, le mouvement s'accentue, la vision s'élargit, la ligne s'amplifie jusqu'à la signification du symbole. Ce qu'il y a de Millet demeure dans la copie ; mais Vincent Van Gogh y a introduit quelque chose à lui, et le tableau prend bientôt un aspect de grandeur nouvelle. Il est bien certain qu'il apportait devant la nature les mêmes habitudes mentales, les mêmes dons supérieurs de création que devant les chefs-

d'œuvre de l'art. Il ne pouvait pas oublier sa
personnalité, ni la contenir devant n'importe
quel spectacle et n'importe quel rêve extérieur.
Elle débordait de lui en illuminations ardentes
sur tout ce qu'il voyait, tout ce qu'il touchait,
tout ce qu'il sentait. Aussi ne s'était-il pas
absorbé dans la nature. Il avait absorbé la nature
en lui ; il l'avait forcée à s'assouplir, à se mouler
aux formes de sa pensée, à le suivre dans ses
envolées, à subir même ses déformations si
caractéristiques. Van Gogh a eu, à un degré
rare, ce par quoi un homme se différencie d'un
autre : le style. Dans une foule de tableaux
mêlés les uns aux autres, l'œil, d'un seul clin,
sûrement, reconnaît ceux de Vincent Van Gogh,
comme il reconnaît ceux de Corot, de Manet, de
Degas, de Monet, de Monticelli, parce qu'ils ont
un génie propre qui ne peut être autre, et qui
est le style, c'est-à-dire l'affirmation de la personnalité. Et tout, sous le pinceau de ce créateur
étrange et puissant, s'anime d'une vie étrange,
indépendante de celle des choses qu'il peint, et
qui est en lui et qui est lui. Il se dépense tout
entier au profit des arbres, des ciels, des fleurs,
des champs, qu'il gonfle de la surprenante sève
de son être. Ces formes se multiplient, s'éche-
vèlent, se tordent, et jusque dans la folie admirable de ces ciels où les astres ivres tournoient
et chancellent, où les étoiles s'allongent en
queues de comètes débraillées ; jusque dans le

surgissement de ces fantastiques fleurs qui se dressent et se crêtent, semblables à des oiseaux déments, Van Gogh garde toujours ses admirables qualités de peintre, et une noblesse qui émeut, et une grandeur tragique qui épouvante. Et, dans les moments de calme, quelle sérénité dans les grandes plaines ensoleillées, dans les vergers fleuris où les pruniers, les pommiers neigent de la joie, où le bonheur de vivre monte de la terre en frissons légers et s'épand dans les ciels pacifiques aux pâleurs tendres, aux rafraîchissantes brises ! Ah ! comme il a compris l'âme exquise des fleurs ! Comme sa main, qui promène les torches terribles dans les noirs firmaments, se fait délicate pour en lier les gerbes parfumées et si frêles ! Et quelles caresses ne trouve-t-il pas pour en exprimer l'inexprimable fraîcheur et les grâces infinies !

Et comme il a compris aussi ce qu'il y a de triste, d'inconnu et de divin dans l'œil des pauvres fous et des malades fraternels !

(Echo de Paris, 31 mars 1891.)

RENGAINES

J'ai lu, dans le supplément d'un journal littéraire, une nouvelle que beaucoup de bons esprits
et de gais compères, de mères de famille et de
critiques d'art, auront dû trouver charmante,
morale, artiste et vécue. Vécue, surtout, suivant
l'expression consacrée des éditeurs qui lancent
un roman aux steamers et aux ballons de la
réclame perfectionnée. Par l'invention, par le
style, par tout ce qui la concerne, cette nouvelle
eût mérité le prix biennal que l'Académie française vient de refuser à ce grand cerveau et à ce
grand cœur qu'est Élisée Reclus, car elle nous
console vraiment de toutes les productions empoisonnées et barbares qui ont cours, dans « une
certaine littérature », ainsi que l'on dit, peut-
être, en parlant de *Pages*, de M. Stéphane Mallarmé. Cela s'appelle je ne sais plus comment.
Il n'importe, d'ailleurs. Ce que je sais et ce qui

importe, c'est que, dans cette nouvelle, il est
question d'un jeune homme, prodigieusement
instinctif, supérieurement doué, étonnamment
artiste, dont l'enfance révèle des qualités mira-
culeuses de dessinateur : — il dessinait des
bonshommes sur des cahiers et charbonnait des
images phalliques sur les murs. Plus tard, il se
fortifie, par l'étude acharnée, non de la nature,
trop mesquine pour ses enthousiasmes, mais du
Cuirassier de Géricault, qu'il copie, pendant des
années, avec passion, avec délire. Enfin, malgré
les obstacles, malgré la pauvreté, — il ne possé-
dait que cent mille francs, — malgré les extraordinaires imaginations que l'auteur accumule
tragiquement sur la pauvre tête enfiévrée de son
héros, il s'écrie, ne pouvant plus contenir l'élan
déchaîné de sa vocation : « Et moi aussi, je serai
peintre ! »

A partir de ce moment décisif commence la
vraie lutte de l'homme aux prises avec l'art,
lutte pleine de troubles, de doutes, de désespérances, et vous allez voir combien finement et
délicatement est analysée l'âme d'un artiste moderne. Je laisse la parole à l'auteur. L'auteur
n'est point quelconque; je vous prie de le croire;
c'est une des plus éclatantes lumières contempo-
raines. Et, chaque fois que l'on cite son nom, il
est nécessaire, si l'on ne veut pas se singulariser,
d'accoler à ce nom respecté le qualificatif d'éminent, pour le moins.

« Peintre! écrit l'éminent auteur, la chose
était convenue. Mais à quelle spécialité convien-
drait-il de se vouer? A la peinture d'histoire?
Rien de plus démodé. Au paysage? Rien de plus
couru. A la marine? Il y aurait à étudier, non la
mer, mais toutes les mers. Labeur sans fin et
très coûteux. A la nature morte? Autant vaudrait
se faire photographe. »

Tu l'entends, ô Chardin, et toi aussi, Paul
Cézanne, pauvre inconnu de génie : vous l'entendez, cuivres reluisants, porcelaine où le ciel se
reflète, douloureux godillots comme en peignit
François Bonvin, godillots déchirants, qui contez
si bien les navrements des petits soldats le long
des interminables, des brûlantes routes où les
pieds se meurtrissent et saignent! Et vous, fleurs
merveilleuses, fleurs magiciennes, dont les tons
changeants, plus subtils, plus volatils, plus
aériens que vos parfums, désespèrent l'œil, la
main, l'âme d'un Claude Monet et d'un Van
Gogh, vous l'entendez!

Et l'éminent auteur poursuit :

« Au portrait?... Passé de mode! »

Passé de mode, le portrait! Le portrait de
Rembrandt, de Vélasquez, de Hals, de Goya, de
Ingres, de Manet, de Renoir, de Whistler, de
Carrière, de Forain! Passé de mode le mystère
de la figure humaine, l'énigme de la vie!

Mais ce n'est pas tout. Il continue.

« Ne ferait-il pas mieux d'être animalier? Mais

à quel animal se donner? Rosa Bonheur et Troyon
avaient pris les bœufs; Veyranat les chevaux;
Charles Jacque tenait les moutons; de Penne,
les chiens; deux ou trois autres les oiseaux. Il
ne restait que les petits cochons de Siam : et
encore! »

Ainsi, il ne lui restait plus que les petits
cochons de Siam, à ce grand artiste! Quel malheur! Et encore il n'en était pas sûr! Quelle
anxiété! Cette anxiété fut longue. Le pauvre
homme dépérissait. Il devenait pauvre. Et il
apprit, tout d'un coup, une nouvelle affreuse.
Les petits cochons de Siam, de tous les hommes,
de toutes les bêtes, de tous les arbres, de toutes
les fleurs, de toutes les mers, de tous les ciels, de
tous les horizons, les petits cochons de Siam,
seuls modèles qui auraient pu lui rester, appartenaient, eux aussi, à quelque peintre breveté.
Les petits cochons de Siam, espérance dernière,
suprème lien qui l'avait, jusqu'ici, rattaché à
l'art, lui échappaient. Il ne les peignit pas; il ne
pouvait pas les peindre. Et, dans l'impossibilité
de peindre quoi que ce soit, puisque toute la
nature vivante, toute la nature morte, toute la
nature rêvée appartenaient à d'autres, il se mit
à fabriquer de la fausse monnaie, ce qui le mena,
non à l'Institut, mais au bagne.

Pauvre diable!

Et, avec une pitié pleine de mélancolie, avec
une psychologie dont la profondeur insondée

étonnera M. Paul Bourget, lui-même, l'éminent
auteur ajoute : « Il avait trop de talent! »

Je viens de lire un roman, tout récent, et qui,
paraît-il, obtient un succès considérable. L'auteur
de ce roman compte parmi les gloires françaises.
L'Académie lui sourit et l'appelle : les poètes et
les historiens, les dramaturges et les ingénieurs
époussètent déjà son fauteuil, et le tailleur qui
tailla leurs habits à Victor Hugo et à **M.** Leconte
de Lisle attendait, dans son antichambre, le mètre
en main. En ce roman dont je parle, il s'agit d'un
peintre, naturellement. Et voici la scène que je
veux conter. C'est la veille du jour où l'artiste
doit envoyer sa toile au Salon. Il a convié tous
ses amis à venir voir son exposition, dans son
atelier. Les amis sont là, rangés en demi-cercle,
impatients, devant le tableau que recouvre encore
une immense toile de soie verte. Et, tout à coup,
le voile se lève, le tableau apparaît. C'est le portrait d'une femme, d'une comtesse, célèbre par sa
beauté! Le peintre l'avait « saisie » au moment
où, sortant d'un salon éclairé par les mille
lumières des lustres, des domestiques, dans le
vestibule, lui présentent son manteau de fourrure
blanche. « L'effet fut considérable, écrit l'auteur
de cette conception, car le portrait était vraiment
frappant et superbe d'allure. Il y avait, dans ce

tableau aux colorations puissantes et hardies, un sentiment merveilleux du modernisme, de l'impressionnisme, *avec la science du dessin en plus* ».

Cette façon de comprendre l'art, comme le comprennent le nouvelliste du supplément et le romancier à la mode, n'est point rare. On peut même dire qu'elle est commune, non seulement parmi la foule, mais parmi les amateurs, les critiques, les peintres eux-mêmes, et ceux-là, bureaucrates, maniaques et bavards parlementaires, qui sont chargés, au nom du pays, de diriger l'art et les artistes, de les protéger, de les récompenser. Cela nous paraît furieusement comique quand nous lisons ces choses, et nous nous moquons. Hélas! nous n'avons point une notion plus noble, une plus hautaine compréhension de ce sublime mystère, de cette parcelle de divinité tombée dans le cerveau et dans le cœur de l'homme.

Cela ne vous semble-t-il pas étrangement mélancolique qu'il y ait un ministère et un ministre des Beaux-Arts, et que l'art, dans notre paperasserie infirme, ne tienne pas plus ou pas moins de place que le rôle social d'un garde-champêtre ou d'un sous-préfet? Et je me dis, souvent, en lisant les discours de M. Bourgeois : « Quoi! c'est tout ce qu'il apporte, cet homme nouveau, le progressiste des vieilles doctrines fripées, des vieilles théories éculées; des rabachages énervants et des rengaines éternelles, et

cela en face d'un art jeune, vivant, croyant, écla-
tant, qui, malgré les cris, malgré les insultes, a
rouvert les portes du temple, et rallumé, dans le
sanctuaire, la lampe sacrée? » Au fait, que
voulez-vous qu'ils disent, M. Bourgeois et les
autres, et que voulez-vous qu'ils fassent?

Les ministres et les ministères n'ont jamais
servi qu'à déshonorer, par leurs commandes et
leurs achats, les murs de nos monuments, les
façades de nos palais, les jardins et les perspec-
tives de nos places publiques et de nos promenades. Il n'y a qu'un seul gouvernement qui se
soit montré vraiment artiste. C'est la Commune,
quand elle incendia la Cour des comptes. Encore
ignorait-elle l'admirable ouvrage d'architecture
qu'elle nous léguerait.

Et ces réflexions me sont venues en lisant
dans un journal, que l'on va très prochainement
soumettre au jugement de M. Yriarte, inspecteur
des Beaux-Arts, le monument incomparable que
Rodin, l'unique sculpteur de génie de ce temps,
a élevé à l'immortelle gloire de Victor Hugo.

(Écho de Paris, 23 juin 1891.)

CAMILLE PISSARRO

On peut voir dans la galerie Durand-Ruel une exposition de cent toiles de M. Camille Pissarro : plaisir rare et rarement goûté. Cette exposition comporte des œuvres anciennes et de toutes récentes aussi : elle nous montre ce maître, qui fut un chercheur éternel, à toutes les époques de sa vie d'artiste. Elle nous est donc, non seulement une précieuse joie esthétique, mais encore un très précieux renseignement biographique : quelque chose comme le résumé de l'histoire intellectuelle d'un des plus admirables peintres qui aient jamais été.

C'est ainsi que je comprends et que j'aime les expositions de peinture : une salle discrète, et dans cette salle une œuvre de choix qui vous révèle la pensée de celui qui l'exécuta, sa passion, ses enthousiasmes, ses transformations, ses progressives conquêtes sur la matière. Mais com-

bien parmi les artistes, même les plus illustres,
même les mieux piédestalisés, pourraient sans
déchoir affronter une telle épreuve ? Le compte
en est vite réglé. C'est pourquoi la mode ne se
perdra pas de ces grandes exhibitions retentis-
santes, de ces incohérentes cohues qu'on appelle
des Salons annuels, où, à force de voir, dans trop
de salles pareilles, trop de choses si disparates,
l'on ne voit plus rien du tout et d'où l'on sort
aveuglé, hébété, les jambes rompues, le cerveau
dolent, comme après de longues stations, d'interminables courses dans les galeries du Louvre ou
au Bon Marché... Les salons ne sont-ils point, en
effet, le Bon Marché de l'art, les cent mille pale-
tots de la peinture, la redingote grise de la sculpture ?

Il arrive à Camille Pissarro une étrange aventure : M. Camille Pissarro est célèbre, et c'est à
peine si le public le connaît. Personne ne con-
teste plus l'influence considérable qu'il exerça sur
la peinture contemporaine, et la critique officielle
a toujours fait le silence sur son œuvre et sur son
nom. Soyons psychologue. Ce silence, la critique
ne s'y est pas enfermée par parti-pris d'hostilité,
mais par conscience professionnelle. Un critique
entre dans une salle où sont exposés les tableaux
de M. Camille Pissarro. Il regarde, va de l'un à
l'autre, s'étonne, se recule, se tâte : « C'est peut-

être très bien ! » se dit-il. Tout à coup il s'arrête, perplexe, hésite, se renfrogne et, scrupuleux, objecte : « Et si c'était très mal ?... Est-ce très bien ?... Est-ce très mal ?... Comment puis-je le savoir ? » Et, s'effarant entre ces deux possibilités, comme il ne possède, sur cette déroutante peinture, aucune opinion *sérieuse* et préalable, comme, d'autre part, il ne peut fouiller dans d'antiques archives pour y découvrir des critiques raisonnées, de traditionnelles anecdotes léguées aux fureteurs de bibliothèque par trois siècles d'immortalité potinière et consacrées, il se tait. Il se tait d'abord pour ne point engager sa responsabilité, ensuite parce que, en vérité, il n'a rien à dire. De ce curieux et ordinaire état d'esprit d'un critique devant une œuvre vierge et belle, il est résulté que M. Camille Pissarro a failli, jadis, ne pouvoir vivre de son art. Ce qui est toujours drôle, n'est-ce pas ? Mais il ne s'agit pas de récriminer. M. Camille Pissarro qui, à l'adversité, à l'indifférence, à l'attaque, opposa toujours un visage pacifique et un si supérieur esprit, ne me pardonnerait pas de raviver ces vaines querelles. J'aime mieux émettre tout de suite les réflexions que cette incomparable exposition me suggère.

M. Camille Pissarro a été un révolutionnaire par les renouvellements *ouvriers* dont il a doté la peinture, en même temps qu'il est demeuré un pur classique par son goût des hautes généralisations, son amour fervent de la nature, son

respect des traditions respectables. La Beauté est
immuable et éternelle comme la Matière dont
elle est la forme revivante en nous et synthétisée ; seuls changent et progressent, suivant le
temps, les modes de l'exprimer. M. Pissarro a
voulu adapter à la technique de son art les appli-
cations correspondantes de la science, en particulier les théories de Chevreul, les découvertes de
Helmholtz sur la vie des couleurs. Il a donc introduit dans l'art des éléments novateurs qui ont
rendu possibles la conquête pittoresque de certains
phénomènes atmosphériques jusqu'alors inexpri-
més, une plus intime et plus profonde pénétration de là nature. Par conséquent il a élargi le
domaine du rêve, ayant été un des premiers — le
premier peut-être, — à comprendre et à innover
ce grand fait de la peinture contemporaine: la
lumière. Voilà son crime. Il n'en est pas encore
lavé aujourd'hui.

Le paysage — et la figure n'est-elle pas aussi
un paysage ? — tel que l'a conçu et rendu
M. Camille Pissarro, c'est-à-dire l'enveloppement
des formes dans la lumière, c'est-à-dire l'expression plastique de la lumière sur les objets qu'elle
baigne et dans les espaces qu'elle remplit, est
donc d'invention toute moderne. Deviné vaguement par Delacroix, davantage senti par Corot,
tenté par Turner en des impressions d'une barbare et superbe beauté, il n'est réellement entré
dans l'art à l'état de réalisation complète qu'avec

MM. Camille Pissarro et Claude Monet. Quoi qu'on dise et ergote, c'est d'eux que date, pour les peintres, cette révolution dans l'art de peindre, pour le public intelligent, — mais existe-t-il un tel public ? — cette révolution dans l'art de voir.

Nous voyons mal la nature, cela n'est pas un paradoxe. Nous l'entrevoyons, opaque et lourde, à travers les tableaux de musée, c'est-à-dire à travers les couleurs ternies, noircies, saurées, les fuligineuses poussières, les vernis encrassés, ces croûtes adventices accumulées sur les chefs-d'œuvre vénérables par la vigilance des administrations et l'ironie des siècles. Aussi, devant cet art tout neuf, qui nous restituait la nature dans son rêve intégral de lumière, avons-nous éprouvé du malaise, presque du vertige, comme l'homme longtemps enfermé dans la nuit d'une cave qui se retrouve tout d'un coup, dans l'espace, au soleil. Puis nos yeux, peu à peu, se sont habitués au choc de cette clarté lustrale, et nous nous sommes étonnés d'être restés aveugles à cet enchantement et de n'avoir pas compris plus tôt cette domination souveraine des couleurs et des formes, dans la nature et dans l'art, par la lumière.

Il ne faut pas se payer de mots. Nous admirons les œuvres anciennes, mais l'émotion qu'elles nous procurent n'a plus guère qu'une valeur de respect chronologique. Nos exigences sont deve-

nues autres et plus compliquées. A mesure que
se révèlent les phénomènes de la vie inconnus
des vieux ancêtres et qui ajoutent à notre désir
de connaître, à notre pouvoir de sentir, à mesure
que le génie de l'homme multiplie les pages
techniques et met aux mains de l'ouvrier de plus
puissants, de plus précis instruments de travail,
nous demandons aux artistes plus que ce que le
passé nous a légué.

Et tout près de nous !

Combien Rousseau, qui fut, en son temps, un
révolutionnaire, nous paraît morne, et si lointain
déjà ! L'atmosphère qu'il peint, plus pesante
qu'une plaque de plomb, est intraversable. Ses
chênes et ses châtaigniers ont beau avoir de
solides embranchements, ses terrains une lourde
ossature : ils ne respirent point, ils ne vivent
point; ses feuillages luisent, mais l'air ne circule
pas à travers ce maçonnage grossier et canaille ;
nulle sève ne gonfle ces végétations inertes,
mortuaires, aux dures consistances de métal.

Combien diffèrent de ces crépissages épais où
l'aile des oiseaux s'enlise, les ciels de M. Camille
Pissarro ; ces ciels mouvants, profonds, respi-
rables, où les ondes lumineuses vibrent véritablement, où toutes les voix de l'air se répercutent
à l'infini !

Et ces formes charmantes, légères, si doucement voilées, et pourtant si noblement caractéristiques, ces formes faites de reflets qui passent

et qui tremblent et qui caressent ! Et cette terre, rose dans la verdure poudroyante, cette terre qui vit ainsi, qui respire, où sous la lumière fluidique qui la baigne, sous l'ombre — lumière à peine atténuée; — dont elle se rafraîchit, se voient, se sentent, s'entendent les organes de vie, l'ossature formidable, la vascularité qui charrie les sèves et les énergies de l'universel amour !... Et ces horizons si empreints de la mélancolie des distances, ces lointains éthérisés qui semblent le seuil de l'infini !

Oh! je le sais. On a dit de M. Camille Pissarro, comme de M. Claude Monet, qu'ils ne rendaient que les aspects sommaires de la nature et que cela n'était vraiment pas suffisant Le reproche est plaisant, qui s'adresse aux hommes lesquels précisément ont poussé plus loin la recherche de l'expression, non seulement dans le domaine du visible, mais dans le domaine impalpable, ce que n'avait fait, avant eux, aucun artiste européen. Si l'on compare les accords de ton d'un peintre aux phrases d'un écrivain, les tableaux aux livres, on peut affirmer que nul n'exprima tant d'idées, avec une plus abondante richesse de vocables, que M. Camille Pissarro ; que personne n'analysa avec plus d'intelligence et de pénétration le caractère des choses et ce qui se cache sous la vivante apparence des figures. Et la puissance de son art est telle, l'équilibre en est si harmonieusement combiné, que de cette minu

tieuse analyse, de ces innombrables détails
juxtaposés et fondus l'un dans l'autre, il ne reste
pour l'étonnement de l'esprit qu'une synthèse :
synthèse des expressions plastiques et des expressions intellectuelles, c'est-à-dire la forme la plus
haute et la plus parfaite de l'œuvre d'art.

Mais le critique aime l'anecdote : il ne s'émeut
qu'aux vulgarités sentimentales. Or, il n'y en a
point dans l'œuvre de M. Pissarro. Le fait particulier, l'accident, l'individu n'y occupent que la
place stricte qu'ils doivent occuper dans les
ensembles largement embrassés. L'œil de l'artiste, comme la pensée du penseur, découvre les
grands aspects des choses, les totalités, l'harmonie.
Même quand il peint des figures, des scènes de la
vie agreste, l'homme est toujours en perspective
dans la vaste harmonie tellurique, réduit à sa
fonction de plante humaine. Pour nous décrire le
drame de la terre et pour nous émouvoir, M. Pissarro n'a pas besoin de gestes violents, d'arabesques compliquées, d'embranchements sinistres
sur des ciels livides. Un coteau, sans une
silhouette, sous un ciel avec un nuage qui vaga-
bonde, et cela suffit... Un verger, avec ses pommiers alignés et sa maison de briques dans le
fond, et des femmes qui ramassent, sous les
pommiers, les pommes qui tombent... Et la vie
s'évoque, le rêve se lève, plane, et cela qui est
si simple, pourtant, si familier à nos regards, se
transforme en idéale vision, s'amplifie, se hausse

jusqu'à la réalisation de la grande poésie décorative.

C'est que la nature, pour qui sait la voir et la comprendre, est une étrange magicienne, perpétuelle créatrice de rêve, une infatigable renouveleuse d'idéal.

Tout est en elle, car elle est la Beauté en dehors de quoi nous ne pouvons rien concevoir, la source intarie où nous pouvons puiser, à pleine âme, les fortes émotions. Mais combien savent la regarder avec des regards d'amour?

Et je ne sais rien de beau et de touchant comme de voir M. Camille Pissarro, si jeune sous sa barbe blanche, garder tous les enthousiasmes de la jeunesse et, loin du bruit des coteries, des jurys, des hideuses jalousies, poursuivre, avec les ardeurs d'autrefois, une des plus belles, une des plus considérables parmi les œuvres de ce temps.

(*Le Figaro*, 1er février 1892.)

ÊTRE PEINTRE!

Que d'expositions de peinture! que de ventes de peinture! A peine si une finit que l'autre commence. Chaque jour, chaque heure, chaque minute fournissent les leurs. Dominant nos querelles et nos chansons, on n'entend que le coup de marteau d'ivoire qui adjuge et le grincement des tourniquets qui s'affolent sous la poussée des ventres amateurs. La dynamite elle-même est oubliée; Ravachol disparaît sous M. Vibert; l'effondrement du restaurant Véry pâlit devant les coups de canif dont fut lacérée la toile de ce peintre.

De toutes parts le flot de peinture arrive, vomi on ne sait d'où, roulant on ne sait quoi. Et cela monte, s'enfle, déborde, déferle tumultueusement. Nous nageons dans l'huile diluvienne; nous nous noyons dans des vagues de cadmium, nous nous précipitons dans des cataractes d'outre-mer, nous tournoyons emportés dans des malëstroms de laque garance. Où donc est l'arche qui nous recueillera et nous sauvera de ce cataclysme?

***

Comment cela est-il possible qu'il y ait dans la nature, dans toute la nature, assez de plantes oléagineuses pour servir au broiement de tant de couleurs; assez de peintres pour user ces couleurs; assez d'amateurs pour enrichir ces peintres?

Car cela est inquiétant. Il y a là, vraiment, un mystère qu'on n'explique pas. Que devient cette peinture? Où vont tous ces tableaux? On dit : « Et l'Amérique? » Oui, je sais, il y a l'Amérique, mais, de bonne foi, est-il admissible que l'Amérique, si vaste qu'elle soit, le soit assez pour contenir tant de peintures? Ne serait-il pas plus raisonnable d'imaginer que les peintres, sous une latitude ignorée, ont découvert un monde nouveau, d'eux seuls connu, où ils emporteraient leurs toiles que les naturels, ingénieux et nus, découperaient pour s'en faire des pagnes et dont ils exprimeraient l'huile pour en accommoder leur cuisine? Eh bien, non. Il paraît que, réellement, l'Amérique absorbe tout, tout, tout.

***

Alors, une question se pose. Est-ce un goût qu'ils ont, les Américains? ou bien cette invasion n'est-elle qu'un malheur épidémique, une sorte de destruction fatale, de dévastation, comme le choléra en Extrême-Orient, les criquets en Algérie et en Australie les lapins? Et, dans ce cas, comment, en un pays si riche d'inventeurs, ne se rencontre-t-il pas un homme généreux qui trouve un vaccin contre cette maladie, ou une maladie contre ce pullulement? Sérieusement, je serais curieux de savoir ce qu'ils font de notre peinture, les Américains? Peut-être du combustible pour alimenter leurs usines! mais il serait trop doux de penser qu'il existe quelque part une patrie où la peinture est utile à quelque chose. Et puis, s'ils ne la brûlent pas, où la mettent-ils?

***

J'ai connu un collectionneur de peinture. Sa maison était charmante. Partout des murs clairs et nus où l'œil n'était offusqué par aucun tableau. Nulle part, chez lui, on ne voyait de nymphes en buis ou en nacre, ou en confiture de groseille, ni de ces choses crasseuses, informes et ferblanchâtres qu'on appelle des paysages. Ses nymphes et ses paysages, il les avait relégués dans une énorme pièce, par lui disposée en bibliothèque. Sur des rayons, de grandeur différente, l'une contre l'autre et sans cadres, reposaient ses toiles serrées comme des livres..Il

y en avait aussi, sur le parquet, des piles hautés,
recouvertes de serge verdâtre. Et jamais il ne les
regardait.

— Vous comprenez, me disait-il, comme ça,
je ne suis pas exposé à les voir, dans des exhibitions, ni chez les marchands, ni nulle part.
Malheureusement, je ne puis pas tout acheter.

Cela se passe peut-être de la sorte en Amérique. Peut-être, dans des docks spéciaux,
entassent-ils Meissonier sur Detaille et Vibert
sur Jules Dupré. Peut-être, dans des greniers et
dans des caves, pêle-mêle avec leurs cotons et
leurs épices, mettent-ils Gérome sur champ, et
Bouguereau à plat sur Dagnan-Bouveret ! Et,
pendant ce temps, — ironie suprême ! — ils font
peindre leurs pianos par Alma Tadéma, le bon
hollandais ! Çà et là, sur les touches, des mouches
au profil pompéien, et, sur les pédales, des pétales
de roses, envolés des couronnes qui ceignirent le
front des Césars orgiaques et décadents. Coût :
dix mille guinées.

*
* *

Il faut le dire hardiment : en se développant
avec cette fureur, la peinture n'est plus seulement
une menace contre l'art ; elle est devenue un
véritable péril social. Dans les villes on ne voit
que des ateliers ouvrant à la lumière du nord-
ouest, complice de tant de laideurs, leurs larges
baies ; dans les campagnes et sur les grèves, on

ne rencontre que des gens qui peignent à l'ombre
du parasol, plus nombreux que les arbres. On
dirait d'armées au repos, sous ces tentes. Et le
paysage disparaît sous l'amoncellement des
accessoires picturaux. Les chevalets découpent
sur le ciel le triangle de leurs armatures ; les
toiles plaquent leurs macules sur les fonds
glorieux de lumière. Dans la pureté des éclo-
sions silvestres, les boîtes gisent, béantes ; les
tubes s'éventrent et coulent, et les brosses
hérissent de leurs poils odieux et poissants la
virginité des herbes matinales. La menthe sauvage,
exhale des odeurs devenues rectifiées ; les violettes
soufflent des haleines empestées de vernis ; les
rosées, les mystérieuses brumes, les reflets char-
meurs, toute cette limpidité, tout ce rêve s'attriste,
se fige au contact des siccatifs et des copals
enfumés.

Et ils peignent quoi ?

Ils ne le savent, et personne ne le sait. Ils
enduisent une toile de bleu, de rouge, de jaune,
de vert, et cela leur suffit, et cela se vend. Et
non seulement ils peignent, mais ils sont
peintres !

Etre peintre ou n'être pas peintre ! Telle est la
grande angoisse moderne. Etre peintre, c'est le
désir impatient de tout homme, de toute femme,
parvenus au niveau de notre contemporaine

civilisation, c'est aussi le plus sûr ferment de la
destruction anarchiste. Pour peu que cette impulsion se continue, dans cinquante ans il n'y aura
plus que des peintres et l'équilibre social sera
rompu. Il faudra que les économistes d'alors —
s'il reste des économistes, — se préoccupent
sérieusement de ce problème et dépicturalisent.
Nous serons dans l'âge de l'huile ; c'est-à-dire
que nous ne pourrons plus manger, nous vêtir,
nous loger. Il n'y aura plus rien que des
tableaux.

Etre peintre ! Ce rêve s'agite même au fond des
masses confuses et désolées, pénètre au plus
obscur des ambitions prolétaires. Le mineur est
las d'extraire du charbon, le fondeur de fondre le
métal, le verrier de souffler le verre, le tisseur de
tisser. Ils veulent peindre. Le boulanger a l'ennui
de son four, le boucher de son étal, le fonctionnaire
de son rond de cuir, l'épicier de ses saumures. Ils
veulent peindre. Être peintre ! C'est l'aspiration
suprême de ce siècle. Sur son lit de mort, le
siècle ne dit pas, comme l'agonisant célèbre :
« De la lumière ! de la lumière ! » Il dit : « De la
peinture !... De la peinture ! »

Et la peinture a chassé l'art.
On ne le voit plus dans les expositions, deve-

nues les grands vomitoires de l'universelle
médiocrité, ni dans les ventes où s'étalent si
crûment l'inexprimable mauvais goût, l'affolante
ignorance, l'intellectuelle platitude des amateurs
contemporains.

Vingt artistes suffisent à immortaliser les
belles époques d'art. Nous les avons, ces vingt
êtres privilégiés, aussi dignes d'admiration que
les plus illustres parmi les génies des temps dis-
parus. Mais qui songe à les reconnaître dans ce
pêle-mêle assourdissant? Eux-mêmes, dégoûtés
de cette promiscuité de plus en plus envahissante, de plus en plus avilissante, s'éloignent,
s'enferment. Et, loin du bruit, solitaires et heureux, ils travaillent à des choses que nous ne
comprenons pas.

Peut-être dans cinquante ans, alors que tout
le monde sera peintre, verrons-nous les artistes — pour se singulariser des peintres, —
extraire le charbon au fond des mines désertées
ou semer le blé sur la terre. On reconnaîtra les
Vinci à leurs chapeaux de cuir et à leur petite
lanterne, et les Vélasquez au lourd semoir qui
battra sur leur ventre. Et M. Jules Chéret, qui fut
tant offusqué à Madrid par les toiles de Goya,
aura peut-être la joie de voir ce sale peintre coller
des affiches sur les colonnes du boulevard.

(Écho de Paris, 17 mai 1892.)

GUSTAVE GEFFROY

Le critique est, en général, un monsieur qui,
n'ayant pu créer un tableau, une statue, un livre,
une pièce, une partition, n'importe quoi de clas-
sable, se décide, enfin, pour faire quelque chose,
à juger périodiquement l'une de ces productions
de l'art, et même toutes à la fois. Etant d'une
ignorance notoirement universelle, le critique
est apte à toutes besognes et n'a point de préfé-
rences particulières. Livres de philosophie ou
poèmes, eau-forte ou fresque, vaudeville ou
drame lyrique, tout lui est bon; il s'en instaure
le juge au hasard des places vacantes et sous la
protection d'une ignorance directoriale encore
plus grande que la sienne. Si son ambition le
conduit, le plus souvent, vers le théâtre, c'est
qu'il a flairé là des profits certains, sans compter
de certains plaisirs extra-littéraires, bruns ou
blonds, qu'un habile homme peut se procurer
sans autres frais que des adjectifs bien placés.
Il y a des exceptions; il y en a même d'illustres
et de charmantes. Il ne viendra jamais à l'idée

de personne de confondre de nobles esprits comme
MM. Jules Lemaître et Henry Céard, par exemple;
de délicieux artistes, de merveilleuses intelligences comme MM. Anatole France et Lucien
Muhlfeld ; et même de doctes bouquinistes,
comme M. Brunetière, avec les ordinaires bafouil-
leurs et les condottieri sinistres qui sont le plus
bruyant ornement de cette profession. Ensuite
tout le monde accepte, malgré les jalousies
ambiantes, une autorité acquise par du travail,
par de hautes habitudes intellectuelles et par
quelque chose de plus mystérieux et de plus
rare; la qualité supérieure des sensations. Bref,
ceux que je viens de nommer, et d'autres encore,
réhabilitent ce métier, bien déconsidéré, il faut
le dire ; à moins qu'ils ne le rendent tout à fait
déshonorant par les comparaisons, hélas! qu'ils
font naître.

M. Gustave Geffroy est de ceux-là; il est même
l'un des premiers parmi ceux-là. Si son œuvre
livresque n'est pas encore considérable, son
œuvre de journalisme est l'une des mieux remplies, des plus attachantes, des plus absolument
belles que je connaisse. Avec une prodigalité
inlassable, il a éparpillé, dans les journaux et les
revues, du talent assez pour en faire la matière
de vingt volumes. Je vois, avec grand plaisir,
qu'il songe à sauver de l'oubli quelques-uns de
ses morceaux préférés qui ont trait à l'histoire
de l'art contemporain, et à leur donner la perdu-

rabilité du livre. Mais combien de pages éloquentes et charmantes, écrites dans la fraîcheur de la sensation immédiale, sous le coup de fièvre de la passion, combien qui seront perdues et demeureront enfouies dans les collections inviolées des bibliothèques, où nul, pas même luimême, ne viendra les tirer et les réunir ! C'est là vraiment une grande tristesse. Que de fois le souvenir me revient de choses exquises, lues autrefois, et que je voudrais relire aujourd'hui, et que je ne puis retrouver, et qui dorment, quelque part, le diable sait où !

Un ami me disait :

— C'est pour moi un sujet d'insoutenable mélancolie, à penser que ce que nous appelons les chefs-d'œuvre des littératures anciennes, ce n'était probablement que les œuvres médiocres de ces temps-là, consacrées par les critiques d'alors, transmises par les critiques d'après. Je suis persuadé que les œuvres d'un génie particulier, c'est-à-dire celles qui vraiment importent, les Mæterlinck d'autrefois, les Emerson, les Whitmann, les Barrès, les Hèrvieu, etc., on ne les connaît pas, on ne les connaîtra jamais. Oui, quelques vieux paperassiers, quelques farfouilleurs de cendres peuvent les découvrir... Mais ils n'y comprendront rien et n'en parleront pas... Que de trésors inconnus sont ensevelis dans la poussière éternelle!... Songez à cela! c'est effrayant. Nous ne connaissons que les Thiers, les Gaston Boissier, les Sarcey, les Déroulède !

— Pourtant, insinuai-je, Sophocle, Shakespeare, Pascal... Diable !

— Oui, sans doute, trois ou quatre... mais les autres, l'immense foule des autres ?...

— Comment? Vous ne pensez pas que la postérité?...

Il se récriait et poussait de petits cris plaintifs.

— La postérité?... Ah ! vous croyez à cela, vous?... La postérité ! mon ami, mais c'est Sarcey continué.

J'avais beau lui citer des noms illustres, des noms aimés, il s'obstinait.

— Non! non !... Trouvez-moi dans la littérature ancienne l'analogue de ce délicieux Pierre Weber, de cet irrésistible Tristan Bernard... de ce troublant Marcel Schwob, de ce génial Claudel... de ce Beaubourg... Et pourtant, il y en a eu... Mais quoi ! l'âme de Sarcey emplit toute l'histoire !

Ne nous égarons pas si loin, et jouissons du présent qui nous est offert.

M. Gustave Geffroy réunit, en un volume, sous le titre : *La Vie artistique*, et précédé d'une belle préface de M. Edmond de Goncourt, quelques-unes de ses belles études sur les artistes de ce temps : Manet, Monet, Rodin, Carrière, Pissarro, Puvis de Chavannes, Whistler, etc... C'est bien la vie

artistique, en effet, ce volume, car M. Gustave
Geffroy ne se borne pas à l'examen de ces grandes
figures : il nous montre, pour ainsi dire, jour par
jour, toute l'histoire de l'art d'aujourd'hui, aussi
bien ses avortements que ses triomphes. S'il suit
la cohue à travers les désolantes salles des expositions officielles, on le trouve aussi partout où
il y a quelque chose à voir; il nous promène de
Gérome à Seurat, de Carolus Duran à Maurice
Denis, de Pelouse à Vincent Van Gogh. Aucune
manifestation de l'art ne lui échappe, ni une
fresque, ni un dessin. Sa passion le mène du
Louvre où, un jour de spleen, il interroge les
sarcophages égyptiens, aux salles des néo-impres-
sionnistes et des symbolistes où il sait démêler,
parmi tant de recherches, obscures souvent, parmi
tant d'impuissances se muant en fumisteries,
l'artiste de demain.

De la clarté et de la couleur, une sensation
rare et forte des choses, une admirable compréhension des formes et de ce qu'elles évoquent,
souvent, à l'insu du peintre lui-même, de beauté
intellectuelle et de mystère humain; un esprit
toujours hanté d'idée noble et de vérités profondes, instinctivement porté vers les grandes
généralisations; un style élégant, nuancé, riche
d'expressions, plein de lumières : telles sont les
qualités dominantes de M. Gustave Geffroy.
Aucun ne sait décrire un tableau comme lui,
aucun en faire jaillir la philosophie, inaperçue

de qui ne sait voir et comprendre. Voyez comme il parle de l'*Olympia* de Manet. Je ne puis résister au plaisir de citer cette page, chef-d'œuvre d'intelligence, de couleur et d'art. Là, l'écrivain se hausse jusqu'au génie du peintre :

« C'est un produit de grande ville, l'errante des rues, fatiguée aux pavés, salie aux ruisseaux. En sa courte jeunesse elle connaît les fortunes contraires, les hauts et les bas de l'existence. Ouvrière aux maigres salaires, mal nourrie, amoureuse en promenade de banlieues de dimanche, femme savante de sa chair à seize ans, battue par des brutes, adorée par des frénétiques et des délicats, c'est une épave de civilisation promise à la misère et à l'hôpital. »

Et plus loin :

« Olympia est délicieuse et touchante, et tous ceux qui ont au cerveau un peu de pitié aimeront cette nerveuse et anémiée fillette aux yeux cernés. Ces vaincues de naissance auront été, en ce siècle de compréhension, des inspiratrices de poètes, de ceux qui veulent enclore des pensées dans des rimes, de ceux qui cherchent l'expression par l'harmonie des lignes et des couleurs. Cette face d'esprit instinctif, cette face d'enfant vicieux aux yeux de mystère, où un peu d'innocence erre encore dans les montantes eaux troubles, ce jeune corps fragile aux seins frêles, aux bras minces, aux jambes fines, ce corps respirant, doux et triste comme une fleur fanée, disent tout cela de façon précise aux yeux qui regardent et qui interrogent, mais ils ne le disent pas sous un despotisme d'intentions du peintre. »

C'est toujours avec la même hauteur de pensées, avec le même profond regard qui va, par-delà les surfaces des couleurs et des formes, chercher l'âme même des choses et des êtres, c'est avec la même émotion de poète et de penseur que M. Gustave Geffroy nous montre les œuvres de Monet, de Rodin, de Pissarro, de Renoir, et qu'il les fait passer, de l'esprit même de ces admirables artistes, dans son esprit à lui, où elles gardent leur grandeur expliquée et comprise.

Avant de regarder les œuvres d'art, M. Gustave Geffroy a regardé la nature ; et il en a senti, avec quelle aiguë et noble pitié, toute la tristesse, toute la misère et toute la beauté ; avant de décrire les œuvres des autres, il a écrit des œuvres à lui, dont quelques-unes sont de véritables petits chefs-d'œuvre, hélas ! disséminés çà et là dans les périodiques : paysages de villes et de figures, coins de faubourgs parisiens, drames tragiques de la mer, que nous pourrons relire en volume, j'espère, en attendant les grandes œuvres promises, comme cet *Enfermé*, dont je sais d'inoubliables pages, et qui consacreront aux yeux de la foule ce que vous êtes depuis longtemps au cœur de vos amis, mon cher Geffroy, un des plus parfaits écrivains, un des plus nobles esprits de ce temps. (*Écho de Paris*, 13 décembre 1892.)

MANNEQUINS ET CRITIQUES

Par ces temps étranges où l'on ne peut risquer un pas dans Paris sans se heurter à une exposition de peinture, je m'attendais bien à revoir Kariste. Il vint, en effet, affairé et fébrile comme toujours. Je le reçus fort mal.

— Ah ! Kariste, excessif, intempérant et imprévoyant ami, lui dis-je, ta visite m'est redoutable et elle me présage encore de prochains ennuis. Que n'es-tu resté chez toi ! Sais-tu seulement ce que tu as fait, malheureux, et à quels multiples mépris tu me voues ? Grâce à toi, l'Angleterre m'est désormais interdite et William Morris lui-même refuse de me vendre son papier. Quant à la Belgique, qui m'était tant amie, la voilà maintenant furieuse et elle me traite de bourgeois stupide et visqueux. C'est dur ! Montmartre me boude et les salons des esthètes me sont irréconciliablement fermés. Où puis-

je aller, aujourd'hui? Croirais-tu que les trois
princesses Onane, Onanine et Onaninetta, la
comtesse Cunnilingua, la baronne Tenébrette et
la pâle Siphylitica aux yeux verts, ne répondent
plus à mes salutations éperdues? Tiens, hier
encore, on m'a.. raconté qu'un hypergénial
Ephèbe vêtu, comme il convient, d'un justau-
corps de velours bleu, et coiffé d'un béret octan-
gulaire où pend, en manière de gland, un
énorme lys des Bermudes, disait de moi : « A
bas le traître! » et clamait à travers les cafés
montparnassiens : « Vivent les rituels, les inas-
souvis et les insexués! » Telle est ma situation.
Ça n'est pas drôle.

— Tais-toi! interrompit Kariste. Je le connais, ton insexué. Il fut de mes amis. Autrefois,
il m'enthousiasmait : « Comment, me disait-il,
tu as un sexe, toi? Un intellectuel? C'est dégoû-
tant! » Et comme je balbutiais, honteux de cette
imperfection physique, de timides excuses :
« — Mais, que fais-tu de ton sexe? » demanda-
t-il... « — Je me reproduis avec diverses dames,
avouai-je... ou du moins, j'essaie! » Alors, il
m'expliqua : « — Tu n'es pas dans le mouvement
moderne, mon vieux. Nous, les insexués, c'est-
à-dire les supérieurs, les intellectuels, nous
enfantons par le cerveau. Tel est le rite,
aujourd'hui. C'est de notre cerveau que jaillit
la semence de vie qui va féconder les étoiles,
miraculeux ovaires de l'infini. Les hommes ne

naîtront plus des impuretés de la femme, désormais : ils naîtront des étoiles. La Stellogenèse,
comprends-tu? » J'osai pourtant l'interroger :
« Et les femmes, qu'est-ce qu'elles feront, durant
cette copulation firmamentaire? » Mon ami
réfléchit un instant, et il prophétisa : « Les
Femmes? au bord des lacs vénéneux, sur les
grèves irrespirables, dans les montagnes putrides,
parmi les fleurs mortelles et les hyperboliques
animaux, elles s'accoupleront entre elles dans
des possessions imparfaites, douloureuses et
démoniaques ! » Mais laissons ces quintescences;
il ne s'agit pas de cela! Soyons sérieux! Je suis
indigné...

— Et pourquoi? Le tableau de Burne-Jones?

— Eh non! Je me moque de Burne-Jones.
Ce n'est pas cela! En vérité, j'admire ta tran-
quillité! As-tu lu les critiques d'art sur le
Champ-de-Mars?

— Oui... Et puis?

— Et puis, as-tu vu les deux plâtres d'Auguste
Rodin ?

— Tu le demandes?

— C'est bien ton sentiment, n'est-ce pas, que
ces deux plâtres, c'est de la souveraine beauté?
que, depuis l'époque héroïque de la Grèce,
jamais, jamais il n'avait été donné à la joie des
hommes qu'ils admirent une œuvre d'art aussi
parfaite, aussi harmonieuse, aussi puissamment
réalisée?

— Certes!

— Tu reconnais que, là, il n'y a plus d'écoles, plus de tendances, plus rien par où les hommes puissent différer d'avis, discuter entre eux selon les nuances d'esthétiques contradictoires, que c'est incontestable, évident, criant, lumineux, comme la *Victoire de Samothrace*, comme le Parthénon, et que si nous avions encore, non seulement le culte, mais le sens du beau, ces deux plâtres seraient, dans l'histoire de l'art, une date illustre? Tu le crois, hein?

— J'en suis sûr!

— C'est cela : il faut être sûr, et en être sûr gravement, avec émotion, avec l'émotion tranquille et sereine que donne la certitude. On peut se tromper sur d'autres œuvres, belles aussi, mais qui ont un caractère — comment dirai-je? — éventuel, transitoire, anecdotique. Les deux plâtres de Rodin, c'est de la beauté immuable, impérissable. Oui, n'est-ce pas? La perfection souple de la ligne, la plénitude du modelé, la chaleur de la vie, le frémissement de la chair, et surtout l'impeccable ordonnance des plans que caresse d'ombres blondes et de lumières attendries l'air qui les baigne, nul, jamais, ne les atteignit et ne les fixa comme en ces deux œuvres vraiment extraordinaires. Eh ! bien, mon cher, il s'est trouvé quelqu'un pour oser écrire de ces deux admirables chefs-d'œuvre que c'étaient des « horreurs de mannequins » !

— Eh ! bien, dis-je, que t'importe et qu'est-ce que cela prouve ? L'homme qui a écrit cela n'a pas jugé lui-même. C'est le cas de beaucoup de critiques. Ils ne changent rien à la destinée des choses. Rodin, devant qui un de mes amis s'indignait de l'inconvenance aveugle de ce jugement, répondit avec une sagesse souriante : « Qu'est-ce que cela fait, puisque mes deux plâtres sont là, et qu'on peut les voir ? »

— Sans doute ! Mais je ne puis me faire à l'injustice inconcevable — ou mieux, à l'inconcevable incompétence des critiques d'art. Ils me donnent une impression physique désagréable. C'est comme si je voyais quelqu'un piquer une fraîche rose sur un excrément, ou cracher à la figure d'une belle femme ! Mais les sculpteurs ne s'y sont pas trompés, eux. Si ennemis, si concurrents de Rodin qu'ils pussent être, ils étaient, devant ces deux plâtres, ahuris et comme écrasés par ce prodigieux génie. Ils ne songeaient plus à blaguer, et l'émotion arrêtait, sur leurs lèvres, le débinage. Ils avaient senti, reconnu le maître, et il y avait, dans leurs yeux, un grand respect.

Kariste s'enflamma tout à coup, après être resté un instant silencieux.

— Tiens ! C'est comme Mlle Camille Claudel ! On dirait, ma parole, à entendre les critiques, que son buste d'enfant, taillé par elle-même, en plein marbre, est un joli ouvrage de dame, et rien de plus. Alors que c'est, en réalité, un vrai et puissant chef-d'œuvre. Tu auras beau dire qu'il est là et qu'on peut le voir. Est-ce que le fait qu'il soit là sera assez fort pour ouvrir les yeux du public à cette beauté, et pour que l'État se décide enfin à faire à Mlle Claudel une commande importante, digne de son génie! Voici une jeune femme au cerveau bouillonnant d'idées, à l'imagination somptueuse, à la main sûre, assouplie à toutes les difficultés du métier de statuaire; une jeune femme exceptionnelle sur qui n'est demeurée l'empreinte d'aucun maître et qui prouve que son sexe est susceptible de création personnelle; voici une admirable et rare artiste enfin. Qu'en fait-on? Et que dit d'elle la critique? Devant ces morceaux poignants. où la nature si exceptionnellement comprise et sentie revit de tous les prestiges de l'art, la critique passe et elle dit : « Agréable ouvrage, œuvre délicate », comme s'il s'agissait d'une tapisserie faite, le soir, entre une vieille douairière qui tousse et un vieillard qui ronfle au coin du feu! Mais à quoi servent-ils, les critiques? Dans une exposition comme celle du Champ-de-Mars, par exemple, ils perdent un temps infini à discuter en sens divers sur la peinture très indifférente, et plutôt oiseuse, de M. Dagnan-Bouveret, sur les imaginations mort-nées de M. Béraud. Ils théorisent à perte de vue sur le monument à Molière, de M. Injalbert,

sculpteur si français, et, Dieu me pardonne, sur
le Balzac, de M. Marquet de Vasselot, ami des
papes. Et, quand ils n'outragent pas des œuvres
uniques comme celles de Rodin et de Mlle Camille
Claudel, ils se contentent de les signaler dans
de froides énumérations, alors qu'ils devraient
pousser des cris de joie et des acclamations de
triomphe! Est-ce curieux, la vie! On acclame
un ministre, un général, un acteur. Il y a des
gens qui se prosternent aux pieds d'un député.
Il y en a d'autres qui poussent des hourrah à la
gloire d'un cheval. Et quand, des profondeurs
mystérieuses de la vie, surgit, un jour, l'œuvre
d'art, il n'y a plus rien, sinon quelques maigres
roquets pour la saluer de leurs aboiements et la
mordre aux jambes!

— Qu'est-ce que cela fait, mon pauvre
Kariste? lui dis-je, lorsqu'il se fut tu. L'important est que l'œuvre soit née et qu'on puisse
la voir dans le toujours jeune éclat de sa beauté
éternelle.

— Je m'ennuie, dit Kariste. Allons au Champ-
de-Mars; j'ai besoin de me refaire la bile et de
dire des choses à Burne-Jones. Et puis après, si
tu veux, nous ferons des enfants aux étoiles!

(Le Journal, 6 avril 1893.)

MAUFRA

Il y a longtemps déjà, — je parle de huit à dix
ans, — au Salon des Champs-Elysées, parmi
toutes les horreurs obligatoires et les banalités
coutumières à ce lieu, je remarquai un tableau
charmant. C'était un simple paysage : un fleuve
tranquille, des bateaux sur le fleuve et, dans le
fond, par-delà la rive toute verte, entre des silhouettes d'arbres, des maisons de village rangées
en file, des toits rouges, et sur tout cela un grand
ciel gris et doux. Il y avait, dans ce motif discret
et quelconque, de la lumière et de la vie. On
sentait que le peintre avait vibré à la beauté de
ce coin de nature, — car tout est beau, quand on
sait voir. C'était d'un art délicat, harmonieux, et
si différent, malgré l'absence d'un style personnel,
que je m'arrêtai longtemps devant cette toile qui
me reposait des autres. Je me souviens encore
combien étaient justes les valeurs et avec quelle
attentive habileté, avec quelle discrétion instinc-

tive et savante l'art des complémentaires était observé, sans que perçât, d'ailleurs, la volonté d'étaler une théorie ou de prêcher une technique. Je cherchai la signature, et je lus : « Maufra. » Était-ce un jeune? un vieux? D'où venait-il? Je n'en savais rien. Je m'informai. Personne non plus ne savait rien sur l'artiste qui portait un nom d'une si étrange euphonie. Le livret, consulté, me révéla que Maufra habitait Nantes et qu'il n'était l'élève ou le maître de personne. Ce furent les seuls détails graphiques que je pus me procurer. Je mé consolai de n'avoir pu satisfaire ma curiosité à l'égard de ce Nantais inconnu, en me disant qu'un peintre qui avait de tels dons ne pouvait tarder à conquérir sa place au soleil.

Quelques années plus tard je revis encore quelques toiles signées de ce même nom de Maufra. Elles me parurent moins fraîches, moins jeunes, moins spontanées, d'une facture plus compliquée et plus laborieuse, mais intéressantes en ceci qu'on y percevait la lutte d'un homme contre les choses, l'effort d'un artiste troublé, qui tâtonne à mesure qu'il avance et se cherche à mesure que la nature s'élargit devant lui. En tout cas, ma première impression subsistait tout entière ; ces toiles étaient l'œuvre d'un véritable artiste qu'il fallait suivre de près.

Enfin, hier, je suis entré chez Le Bare de Boutteville, où sont exposées une soixantaine d'œuvres de Maufra, et j'ai été tout de suite conquis, car

je me suis trouvé en présence de quelqu'un en
pleiné possession de soi-même et qui, après les
hésitations nécessaires, les troubles éducateurs et
féconds, a réalisé ce qui seul importe dans l'art,
ce qui en est la joie et, dirai-je, l'excuse : le style.

L'exposition de Maufra comporte deux parties :
la peinture et les dessins. La peinture est puissante, sévère et noble. Ses grandes toiles sont
d'une belle ordonnance de lignes, d'une couleur
contenue dans les gris qui a du caractère. Elles
nous racontent, de préférence, les drames de la
mer bretonne, les côtes désolées et sauvages, le
hérissement des roches au pied desquelles, dans
des anfractuosités noires, l'onde mugit, soulevée
et glauque. Ce sont aussi des pentes roses, à peine
frottées d'un vert triste sur le terrain pelé et le
sombre granit, qui descendent, en mouvements
ondulatoires, frangées d'écume et mouillées
d'embrun, dans l'abîme aux terribles remous. Puis
de larges avenues liquides se balancent, d'un
rythme tragique, entre les falaises massives,
celles-ci découpées et hautes comme des cathédrales. Et c'est un ciel d'un bleu noir, chargé de
nuages épais, sur lequel l'arc-en-ciel décrit sa
courbe brillante qui tombe dans l'eau comme une
fusée, dans l'eau qu'elle éclabousse de lueurs
irisées.

M. Maufra nous donne aussi des impressions de crépuscules. Les silhouettes des arbres évoquent de bizarres formes ; des clochers sé dressent, étranges, sur des ciels embrasés des dernières clartés du soleil disparu. Tout cela est puissant, d'une peinture grasse, d'une matière riche, d'un impressionnant mystère. Il y a de la force dans les paysages de mer, une force retentissante et terrible. On entend les clameurs de la mer, le grondement des vagues qui déferlent contre les rochers ; et les fuites de l'horizon, là-bas, vous donnent la sensation de cet infini poignant. Il y a du silence dans ces soleils couchants, entre les arbres, dans ces crépuscules mettant de l'indécision et du vague autour de tous les objets, qui vont, tout à l'heure, se baigner de nuit.

Mais ma préférence me conduit surtout devant la série des dessins où je sens mieux l'âme de l'artiste, où je comprends mieux son émotion, son intelligence. Le dessin est un art supérieur, car il exprime davantage, et sans nulle tricherie. Donner l'impression d'un paysage, d'une figure, par la ligne seule, et par la ligne synthétisée, sans qu'interviennent l'éclat de la couleur et la séduction d'un métier, — en somme conventionnel — telle, il me semble, devrait être la haute ambition de l'artiste. Le dessin est l'art artiste par excellence ; la couleur a je ne sais quelle sincérité qui la rend inférieure et qui nous trompe. Le dessin garde toujours, comme une belle phrase, un

caractère de généralité, une essence de vie plus
hermétique, peut-être, à l'intelligence du vulgaire,
mais plus intense et plus profonde pour ceux qui
ont le sens de la beauté immuable et de l'éternité
des choses.

Or les dessins de Maufra sont, pour moi, ce qu'il
y a de vraiment supérieur dans son œuvre, parce
que c'est là qu'il se montre sous tous les aspects
de sa nature d'homme impressionnable et chercheur, parce qu'il fixe, en lignes vraiment intel-
lectualisées, toute sa compréhension et tout son
rêve.

Je ne puis mieux faire que de reproduire les
lignes suivantes, par lesquelles M. Roger Marx a
donné, des si particuliers dessins de Maufra, une
explication éloquente et vraie :

« Claude Monet, Berthold Jongkind, tels sont
les illustres vers lesquels les dessins rehaussés de
Maufra font refléter notre pensée. On y applaudit
à la brusque saisie d'un paysage dans la vérité
immuable ou passagère. C'est une synthèse victo-
rieuse, une mise à l'écart instinctive du négli-
geable au profit de l'essentiel, une observation
savante, excellemment propre à définir le caractère géographique, à préciser l'état d'atmosphère.
Ici les jeux de la couleur, de l'ambiance, sont
surpris, fixés au premier regard et dans toute leur
témérité par un organisme supra-sensible ; et
cependant, qu'est la qualité du ton si vous lui
comparez le dessin qui transparaît, triomphal,

sous l'enluminure rapide et juste ? Un dessin mâle
qui se fait aimer pour la violence du jet, la beauté
de l'arabesque, la cernée significative des contours, l'autorité des indications sommaires, un
dessin simplifié qui établit, construit, modèle dans
la lumière, à la minute, instantanément, en une
certitude spontanée, souverainement puissante. »

Cela est juste et bien dit. Et ces dessins de
Maufra me rappellent aussi une autre figure,
oubliée par M. Roger Marx : celle de Van Gogh.
Non que M. Maufra ait subi l'influence de ce particulier génie. Son dessin est à lui. Mais il y a
entre les artistes une parenté, une filiation indis-
pensables. Et je crois que Maufra se filie à Van
Gogh par une compréhension de la nature, commune à ces deux très beaux artistes.

(Écho de Paris, 30 janvier 1894.)

LE PÈRE TANGUY

— Ah! le pauvre Vincent! Quel malheur, monsieur Mirbeau! Quel grand malheur! Un pareil génie! Et si bon garçon! Tenez, je vais encore vous en montrer de ses chefs-d'œuvre! Car il n'y a pas à dire, n'est-ce pas? ce sont des chefs-d'œuvre!

Et le brave père Tanguy, qui revenait de son arrière-boutique avec quatre ou cinq toiles sous le bras et deux dans chaque main, les disposait amoureusement contre les barreaux des chaises, rangées au fond autour de nous. Tout en cherchant pour ces toiles le jour favorable, il continuait de gémir :

— Le pauvre Vincent! C'en est-il, des chefs-d'œuvre, oui ou non? Et il en a!. et il en a! Et c'est si beau, voyez-vous, que quand je les regarde ça me donne un coup dans la poitrine; j'ai envie de pleurer! Nous ne le verrons plus, monsieur Mirbeau, nous ne le verrons plus!

Non, je ne peux pas m'habituer à cette idée! Et M. Gauguin qui l'aimait tant! C'est pire que s'il perdait un fils!

Il traçait dans l'air, avec son doigt, un rond isolateur, comme font les peintres :

— Tenez, ce ciel-là! Cet arbre-là! Ça y est-il? Et tout ça, et tout ça! Quelle couleur, quel mouvement! Faut-il qu'un homme pareil soit mort! Est-ce juste, voyons?... La dernière fois qu'il est venu ici, il était justement assis à la place où vous êtes! Ah! qu'il était triste! Je dis à ma femme : « Vincent est trop triste... il a l'œil, autre part, bien loin d'ici. Sûr qu'il y a encore du malheur là-desous! Il n'est point guéri. Il n'est point guéri! » Ce pauvre Vincent! Je parie que vous ne connaissez pas son *Pot de Glaïeuls*. C'est un des derniers tableaux qu'il ait faits. U-ne-mer-veil-le! Il faut que je vous le montre! Les fleurs, voyez-vous, personne n'a senti ça comme lui. Il sentait tout, le pauvre Vincent! Il sentait trop! Ça fait qu'il voulait l'impossible! Je vais vous chercher le *Pot de Glaïeuls*. M. Pissarro qui l'a regardé longtemps, et tous ces messieurs, disaient : « Les fleurs de Vincent ressemblent à des princesses! » Oui, oui, il y a de cela! Attendez-moi une petite minute. Je reviens avec les *Glaïeuls*.

Je me rappelle cette scène, chez le père Tanguy, quelques jours après la mort si tragique, si douloureuse, de Van Gogh, que le bonhomme appelait familièrement Vincent, comme l'appelaient ses amis. Et je revois, avec un serrement de cœur, sous le béret bleu qui l'abritait, la figure si fine, si enthousiaste, si brave, de ce vieillard, qui fut, je crois bien, le plus brave homme de ce temps.

Pauvre père Tanguy! Lui aussi vient de mourir! Que ces quelques lignes soient sur sa tombe comme une fleur de souvenir!

L'histoire de son humble et honnête vie est inséparable de l'histoire du groupe impressionniste, lequel a donné les plus beaux peintres, les plus admirables artistes à l'art contemporain et, lorsque cette histoire se fera, le père Tanguy y aura sa place.

Il était établi marchand de couleurs rue Clauzel, dans une toute petite boutique que connaissaient bien les flâneurs en quête de curiosités parisiennes. A la devanture on voyait des Cézanne, des Van Gogh, des Gauguin; autrefois, il y a déjà longtemps, des Claude Monet, des Pissarro, des Renoir.

Il vendait des couleurs aux artistes, ou plutôt il les échangeait contre des toiles. Il n'en était pas toujours le bon marchand, car il était difficile, aux époques dont je parle, de se débarrasser d'une toile qu'on couvre d'or aujourd'hui. Mais le père Tanguy n'était pas exigeant; sa vie était d'une sobriété exemplaire. Il avait réduit ses besoins et ceux de son ménage au minimum du nécessaire.

Sa joie était de vivre parmi ces toiles, et il s'exaltait à les regarder. Il aimait ses peintres comme ses enfants et l'on eût été mal venu à contester leur talent. Il en voulut beaucoup à Zola de n'avoir pas été juste pour eux dans son roman de *l'Œuvre*.

— Ce n'est pas bien ! ce n'est pas bien ! disait-il souvent. Jamais je n'aurais cru ça de M. Zola, qui est un si brave homme et qui était l'ami de ces messieurs ! Il ne les a pas compris ! Et c'est un grand malheur !

Rien n'existait pour le père Tanguy en dehors de « ces messieurs ». Jamais l'idée de regarder d'autres tableaux que les leurs ne lui fût venue. Il vivait dans un rêve d'enthousiasme perpétuel.

Les plus fortes joies de son existence furent le succès de ses peintres familiers. A mesure que chacun d'eux s'élevait, on eût dit que c'était sa fortune à lui qui se bâtissait. Et pourtant il savait bien que les grands marchands, avec lesquels il ne pouvait lutter, allaient accaparer leurs œuvres qui, peu à peu, disparaîtraient de son humble devanture. Mais le père Tanguy ne connut jamais l'égoïsme ; jamais l'idée d'un lucre quelconque ne souilla la fidélité de son enthousiasme et la bonté de son cœur, en qui le dévouement demeurait inaltérable. Il suivait l'ascension de leurs progrès avec des contentements en quelque sorte paternels.

— Ma femme, disait-il à son excellente com-

pagne qui avait le même cœur que le sien, les
mêmes enthousiasmes, les mêmes passions, on a
vendu aujourd'hui un Claude Monet dix mille
francs.

Et c'était du bonheur sur la planche pour toute
une semaine. Ah les braves gens! et qu'ils furent
touchants!

Le père Tanguy, depuis quelque temps, souffrait d'un cancer à l'estomac. Il fut obligé de
s'aliter. La douleur, parfois, lui arrachait des
cris : il ne pouvait dormir. Sa pauvre femme
s'évertuait à le soulager, passait ses nuits à le
consoler, à inventer mille remèdes pour calmer
son mal...

— Ma femme, dit-il un jour, ça ne peut pas
durer comme ça! tu te fatigues trop. Il vaudrait
mieux que j'aille à l'hôpital,

— T'en aller d'ici! Jamais! Je ne veux pas
Je veux te soigner.

— Non, non, tu te fatigues trop. Et je vois
bien que tu tomberas malade à ton tour.

Il insista tellement qu'on fut bien forcé de le
conduire à l'hôpital.

Mais le pauvre père Tanguy s'y trouva bien vite
dépaysé, sans une affection près de lui. Les mé-
decins passaient près de son lit, indifférents; ils
savaient que son mal était incurable et qu'il n'y
avait pas lieu de faire pour lui des expériences
amusantes. Et il pleurait de se voir dans ces
grandes salles tristes.

Un jour il dit :

— Je m'ennuie trop ici. Je ne veux pas mourir ici. Je veux mourir chez moi, près de ma femme, au milieu de mes toiles.

On le ramena, sur un brancard, dans sa petite maison. Comme il sentait qu'il n'avait plus que quelques heures à vivre, il voulut bien les employer. Malgré les horribles souffrances qu'il endurait, il fit l'inventaire de quelques tableaux qui lui restaient et dit :

— Ma pauvre femme, quand je ne vais plus être là, la vie ne sera pas commode pour toi. Nous n'avons rien que ces toiles. Il te faudra les vendre. Écoute-moi...

Et alors il indiqua le prix de chaque toile, retrouvant, à leur contact, ses admirations d'autrefois, ses enthousiasmes juvéniles, qui ne faiblissaient pas devant la souffrance et devant la mort.

Il mourut le lendemain matin comme un sage et comme un héros, ce modeste et probe artisan.

Sa vie a été belle et elle a été heureuse, car il a su toujours lui donner un idéal. Il ne faut pas trop le plaindre, lui !

Mais la pauvre vieille femme qui reste, seule?

(Écho de Paris, 13 février 1894.)

J.-F. RAFFAELLI

Les grandes expositions de peinture, comme
celles du Champ-de-Mars et des Champs-Elysées,
deviennent, d'année en année, plus inadmissibles
et choquantes. Elles ont un aspect barbare qui
nous en éloigne impérieusement. Tels, j'imagine
ces marchés africains aux déballages d'étoffes
hurlantes et qui font hurler de plaisir les nè-
gres. Chacun comprend qu'elles doivent dispa-
raître. Elles ont fait leur temps, — elles n'ont fait
que cela, — de même que tant de modes jadis
révérées dont nous nous apercevons aujourd'hui
qu'elles ne riment plus à rien, ni à un besoin, ni
à une curiosité, ni à une passion. Il faut bien le
dire, les joies sont épuisées des déjeuners — ohé!
ohé! — de Ledoyen et de la Tour Eiffel. Le sau-
mon sauce verte n'a plus pour nous de gaieté ni
de mystère. Hélàs! son esthétique agonise.

Ce n'est pas ici le lieu de philosopher, mais on

peut dire que ces expositions ont été funestes à
l'équilibre social, car elles détournèrent de leur
voie naturelle quantité de braves gens qui, sans
elles, fussent devenus de parfaits notaires et d'in-
vulnérables épiciers. Oh ! quelle mélancolie
dans cette idée !

Tous les jours, les peintres qui ont le respect
de leur art désertent ces capharnaüms céphalal-
giques où tout se confond dans la plus disparate
médiocrité ; où, pour découvrir une belle œuvre,
l'esthète effaré doit, au prix de quelles fatigues,
de quels ahurissements, remuer, déplacer tant
de lourdes et innommables choses qui s'interpo-
sent entre elle et lui. A travers quels Carolus Duran faut-il jouer des coudes, quels caillouteux
Billotte faut-il franchir, le long de quels Béraud
escarpés et sans bords faut-il errer pour pénétrer enfin jusqu'à un Whistler ou un Puvis de
Chavannes ! Beaucoup n'ont point cette endu-
rance physique, cette audace morale qui conviennent surtout à des explorateurs centre-africains,
réfractaires aux souffrances de la faim, de la soif
et de la fièvre qui monte des eaux croupissantes.
Et ils s'abstiennent.

Et puis, le Vernissage fini, allez vous aven-
turer dans ces salles. Il n'y a que les steppes de
la Russie et les plateaux de l'Asie centrale pour
vous donner l'idée d'un pareil désert. Brrr !

Les expositions particulières et individuelles
qui se multiplient, de plus en plus, à tous les

coins de Paris, sont évidemment un progrès sur
l'inélégance et l'hostilité de ces solitudes officielles. Mais la plupart des marchands qui les
organisent et les exploitent nous affligent vraiment trop par leur manque de goût si obstiné. Ils
exigent les fonds rouges vineux, les tapis de
pourpre sale, les écrasants et ventrus cadres
d'or, les lumières crues qui, sur les toiles, font
papilloter et tournoyer un essaim de reflets, ainsi
que des myriades de multicolores moucherons,
au-dessus des eaux aveuglantes, dans le soleil.
Chacun d'eux ne songe pas que l'art de la peinture s'accompagne et se complète par l'art de la
présenter.

M. J.-F. Raffaelli, à l'ingéniosité de qui nous
devons tant de choses nouvelles et curieuses, a
eu une idée véritablement charmante. Il inau-
gure, aujourd'hui, la peinture chez soi. Au lieu
de nous renvoyer, comme tant d'autres qui manquent de politesse et de mobilier, au Champ de
Mars ou chez le marchand du coin, il vient nous
dire :

« Venez chez moi. J'y ai accroché quelques
toiles, quelques eaux-fortes en couleur, quelques sculptures pittoresques. C'est là que j'ai
conçu ces œuvres, là que je les réalisai. Elles
s'offriront à vous dans leur lumière originelle,
parmi les objets familiers qu'elles connaissent et
auxquelles elles s'harmonisent. Il me semble
qu'elles doivent garder quelque chose de l'inti-

mité, du silence, de l'amour qui les bercèrent, vertus adorables qui s'évaporent aux voisinages inhabituels, grossiers et froissants, car personne n'a de la pudeur comme une œuvre d'art. Je demeure rue de Courcelles, tout près des fortifications que chanta si bien mon ami Ajalbert, à quelques pas de cette banlieue, poignante et tragique, que j'ai tant aimée. La maison est jolie, souriante et claire. Un petit jardin très vert et fleuri en orne le seuil. Des merles y chantent, des pinsons y font leur nid. Et ça ne coûte rien que le voyage, lequel est un amusement et une fête par un beau jour de soleil gris et rose. »

Il est vrai. Mais ce genre d'exposition n'est pas à la portée de tout le monde. Je ne conseillerais pas à un peintre qui habiterait le cinquième d'en faire l'essai.

La maison est jolie, en effet. Son calme engage à d'hospitalières visites ; l'atelier s'éclaire doucement par de grandes baies divisées en petits carreaux, et les murs sont presque blancs, à peine teintés, sur lesquels la fantaisie de l'artiste a placé, çà et là, quelques décors légers. Pas de meubles fracassants, pas de lourdes étoffes qui pendent. Une galerie relie la salle à manger à l'atelier. C'est vaste, clair et joyeux.

Dans ce cadre simple, l'exposition de M. J.-F. Raffaelli s'arrange délicieusement. Ce qui charme d'abord en elle, c'est qu'elle n'a pas l'aspect voulu et cherché d'une exposition. Tous les tableaux semblent occuper une place naturelle et favorite, — familiale, pourrais-je dire. Ils ont du tact, de la discrétion, une irréprochable tenue. Ils font partie du *home*, ignorent les dépaysements niais ou les prétentieux snobismes des toiles en représentation chez des étrangers. Peu nombreux, d'ailleurs, comme il convient, et choisis délicatement, sans en avoir l'air, ils n'offusquent point les murs de leurs superpositions étalées et de leurs encombrants contacts.

Et c'est un repos de la vue, un bien-être de l'esprit, une émotion d'art frissonnante et très douce.

Ce qu'ils disent, ces tableaux, ces dessins, ces sculptures décoratives, M. Gustave Geffroy vous le dira mieux que moi. Et si, à les voir dans cette lumière exquise, dans cet arrangement libre de tout artifice et de toute mise en scène astucieuse, vous ne ressentez pas, profondément, en vous-même, tout ce que l'artiste a prodigué de force, de charme, de tendresse, de mélancolie, d'ironie perçante, d'observation humaine et de métier savant, à quoi bon vous le dire ?

C'est qu'en vérité l'œuvre de J.-F. Raffaelli aura dépassé par sa philosophie le domaine réservé à la peinture, et souvent, par la vérité de ses évocations, par la vie surprise jusque dans les tréfonds des misères sociales, elle aura atteint aux

belles synthèses de l'histoire. Histoire contemporaine, histoire de tous les jours, à laquelle nous
sommes mêlés, que nous coudoyons, que nous
vivons sans en bien comprendre ce qui y grouille
de sourdes révoltes et de douleurs muettes. Types
inoubliables de miséreux et de bourgeois, d'ouvriers aux membres déformés par le travail, de
paysans soudés au sol qu'ils fécondent en vain,
de vieux chevaux qui tombent sous les travaux
écrasants, comme tombent les hommes, leurs
frères en misère, des passants et des entrevus,
de l'humanité, enfin, en marche vers quelque
chose.

Ce que nous devons admirer dans cette œuvre,
déjà énorme, c'est le caractère constant de simplicité, de jour en jour plus précis et plus direct,
avec lequel l'artiste inscrit, avec son art très
noble, dans du dessin très clair, tout ce qu'il y a
de complexe, de contradictoire, de douloureux et
d'ironique à la fois dans l'homme et dans la nature. Il ne va pas chercher les compositions
abstruses et tourmentées, les fades allégories et
les illusoires symboles qui ne disent, en général,
que ce que chacun veut leur faire dire selon les
dispositions de son tempérament et de son
humeur. C'est la vie qu'il reproduit, la vie qui
passe devant nous, en images familières et connues, la vie humble ou somptueuse dans ses
paysages urbains ou dans ses ambiances campa-
gnardes, mais dont il nous dévoile, avec une sin-

gulière compréhension, tout l'inconnu. Sur cette œuvre, avec une précision de style admirable, pèse vraiment le sens des fatalités et du mystère de la vie.

Il faut aller voir cette exposition dans son joli décor de maison, calme. Car, à la sensation qu'elle donne d'être chez un grand artiste, s'ajoute celle, très douce et très consolante, que l'on est dans la maison d'un brave homme.

(*Le Journal*, 3 mai 1894.)

« LA VIE ARTISTIQUE »

M. Gustave Geffroy vient de publier la troisième
série de la *Vie artistique*, un recueil de notes,
d'études et de portraits qui sera, pour l'art, ce que
furent pour la littérature les *Lundis* de Sainte-
Beuve. Une pointe sèche d'Auguste Renoir,
souple, grave et colorée comme sa peinture, orne
d'une délicieuse arabesque de femmes ce volume
presque tout entier consacré à l'histoire de l'Impressionnisme.

Nul mieux que M. Gustave Geffroy ne pouvait
l'écrire, cette histoire, car nul ne fut plus attentif
à ce mouvement très intéressant de l'art contemporain, qui troubla tant de cervelles, remua tant
de palettes et fit dire tant de sottises à tant de
gens, et non des moindres ; je parle des gens et
des sottises. M. Bouguereau, l'autre jour encore,
ne se répandait-il pas en injures violentes et
profondément comiques contre les peintres qui
préparèrent cette évolution, et M. Gérome, dont

on vante l'esprit dans les ateliers, n'allait-il pas,
à propos du legs Caillebotte, jusqu'à réclamer des
peines corporelles — prison ou knout, je ne
sais, — contre ces hommes atteints et convaincus
de peindre d'une autre façon que lui. Ces choses-
là font sourire aujourd'hui ; autrefois, elles ont
peut-être fait pleurer.

Mais il en a été toujours ainsi. Ce qui est
nouveau étonne et indigne les petites âmes. Corot,
à son début, faisait hausser les épaules. Les peintres académiques disaient de ses toiles toutes
frissonnantes de lumière et de poésie que « ça se
faisait avec les grattages de leurs palettes ».
Daumier, puissant comme Michel-Ange, et qui
donne à la hideur bourgeoise l'immortelle beauté
du style, était traité de caricaturiste grossier et
lourdaud ; on proclamait Delacroix un barbare.
Mais pas un de ces maîtres ne fut plus insulté que
ces peintres impressionnistes, coupables d'ap-
porter à la peinture un refleurissement de joie.
On peut dire que durant vingt ans l'élite française défila, en pouffant de rire, devant ces toiles
qu'on se dispute aujourd'hui à coups de grosses
sommes d'argent.

Hélas ! que ces souvenirs sont loin déjà ! Et
si M. Cabanel pouvait revenir parmi les vivants ;
si, refroidi par quelques années de mortuaire
silence, il pouvait visiter cette tranquille exposition des chefs-d'œuvre de Manet, réunis par les
soins de M. Durand-Ruel, et qui n'attendent plus

que la consécration prochaine de nos musées nationaux, comme il aurait honte, j'imagine, de ses colères d'autrefois; et comme il reconnaîtrait que l'artiste par lui si haï fut toujours un admirable ouvrier d'art et, ainsi que le dit M. Gustave Geffroy, « un peintre de raison ».

M. Gustave Geffroy a noté, avec sa sagacité habituelle, les débuts de cette histoire de l'impressionnisme; en quelques traits rapides, précis, il a évoqué toutes les figures qui y participèrent et la résument aujourd'hui. Manet, Monet, Degas, Renoir, Cézanne, Pissarro, Berthe Morisot, Sisley, y sont analysés chacun dans leur physionomie particulière, avec cette pénétration intellectuelle, ce sens si subtil de la nuance, ce charme du style dont M. Gustave Geffroy est coutumier et qu'on retrouve, toujours, jusque dans ses croquis les plus hâtifs.

Ce qui plaît surtout en M. Gustave Geffroy, c'est qu'il n'est pas seulement un critique averti et compréhensif, un critique au sens professoral du mot, mais un véritable constructeur de formes, un créateur d'idées au même degré que ceux dont il nous fait comprendre le génie. Les tableaux ne sont, en réalité, pour lui, que prétexte à exprimer de l'idée et à inscrire son rêve propre dans le rêve des autres ; c'est un thème par lequel il exerce sa sensibilité, développe sa philosophie et montre la conception personnelle qu'il a de la vie. De la toile, ou du marbre, devant ce qu'il

s'arrête, son esprit a bien vite fait d'aller vers
l'humanité et la nature. C'est ainsi qu'il faut
entendre l'art. L'art n'est peut-être, en soi, comme
tant de choses qui nous enthousiasment, qu'une
mystification ; mais il a ceci d'admirable qu'il
nous fait mieux comprendre et aimer les inépuisables beautés de la nature. C'est un merveilleux
éducateur. Il ouvre les horizons, dévoile l'énigme
des visages, recule encore les profondeurs des
ciels, accumule en nous les frissons qui passent,
dégage des ensembles brouillés et confus, l'infinie
variété, l'infinie splendeur des formes éternelles.
La nature est pleine de mystères charmants ou
terribles ; nous ne faisons pas un pas sur le sol
sans nous heurter à de l'inconnu. L'art illumine
tout cela ; sa magie éclaire l'invisible, elle ouvre
nos oreilles à bien entendre. Du moins nous le
croyons, et c'est assez pour que nous l'aimions.

M. Gustave Geffroy a beaucoup vu, beaucoup
regardé les choses et les êtres par le regard de
l'art ; et c'est pourquoi il a, mieux que tout autre,
pénétré la nature, senti ce qu'il y a dans un visage
humain, toute la grâce, toute la mélancolie, toute
la terreur, toute la joie des espaces de lumière
où les arbres frissonnent, où les coteaux se révèlent dans le rêve, où les lignes et les formes
courent, surgissent, s'effacent et renaissent, toujours belles, toujours nouvelles, toujours harmo-
niques.

Il faut lire le livre de M. Gustave Geffroy, non

seulement parce qu'il est plein de science, de
documents, de jugements nets et précis, mais
surtout parce qu'il est évocateur de la beauté. Il
faut le lire comme on regarde une très belle
toile, et laisser courir son esprit entre les lignes
charmeresses, de même que, entre les arabesques
des toiles aimées, le rêve circule des réalités de
l'art aux songes profonds de la nature, aux énig-
mes de la vie.

(*Le Journal*, 31 mai 1894.)

LE LEGS CAILLEBOTTE ET L'ETAT

— Et le legs Caillebotte ?

Telle est la question qui me fut, l'autre jour, brusquement adressée par un amateur de peinture, surpris de ne point voir, accrochées dans les salles du Luxembourg, les très belles toiles léguées à l'Etat par le généreux et regretté Gustave Caillebotte. Cet amateur, je ne le désignerai pas autrement que par ceci : il possède une des plus admirables collections de tableaux anciens et modernes qui soient dans le monde et que, avec une ardeur de générosité irréfléchie et de naïf patriotisme, il était dans l'intention de laisser à l'Etat.

— Le legs Caillebotte, répondis-je. Ma foi, je pense que l'Etat l'aura définitivement refusé. Cela vous étonne ?

— Nullement ! fit l'amateur, en homme qui n'est pas de province, de cette province politique, ambitieuse, stupide et barbare, sous quoi Paris est, de plus en plus, submergé... *Fluctuat et mergitur.*

Et il ajouta :

— Cela m'étonne d'autant moins que je pressentais cette solution, et que vous me voyez, après cette aventure et quelques autres de ce genre, parfaitement décidé à déchirer mon testament, c'est-à-dire à ne laisser à l'Etat, vraiment trop grincheux et trop décourageant *leyguataire*, rien des chefs-d'œuvre illustres que je lui destinais. J'ai des héritiers très gentils pour qui je désire que ma mort soit une joie sans mélange. Je ne veux pas les exposer aux tracasseries ridicules, aux fatigantes démarches, aux inutiles dégoûts, à toutes les discussions écœurantes que comportent, fatalement, de tels dons posthumes. D'ailleurs, je sais quelques collectionneurs, possesseurs d'inestimables objets, qui sont férocement résolus à faire comme je fais. Et savez-vous à combien j'évalue les trésors d'art que l'irréductible imbécillité de l'Etat, ses partis-pris de fiscalité tyrannique et son formalisme idiot, auront fait perdre à la nation française ? Trente millions, mon cher, et je ne connais pas tout ! Non, vraiment, ils décourageraient jusqu'au bon Dieu lui-même. Mieux que cela, jusqu'à Mossieu Chauchard, s'il ne mettait, pour leur ivresse future, du Meissonier en bouteille. Inexprimables crétins !

— Ah ! vous pouvez le dire ! Et l'histoire du legs Caillebotte est une éclatante paraphrase de votre judicieuse exclamation. Voulez-vous que je vous la raconte succinctement, cette histoire ?

— Je vous écoute.

— Eh ! bien, voilà ! Caillebotte meurt en léguant à l'Etat une collection de tableaux composée des plus délicieuses œuvres de Manet, Degas, Monet, Renoir, Cezanne, Berthe, Morisot, Pissarro. En homme qui connaît l'esthétique de l'Etat, il met à ce legs une prévoyante condition : c'est que l'Etat n'enterrera ces tableaux ni dans un grenier, avec les seuls rats pour public, ni dans un musée de province, et qu'il les accrochera, comme si c'étaient d'infâmes croûtes, au musée du Luxembourg. L'Etat fait d'abord la grimace. C'est une habitude, et il n'y a pas lieu de s'en inquiéter. Quand on lui lègue quelque chose, son premier mouvement est de se méfier et de se demander si on ne lui fait pas « une blague ». Enfin, après des hésitations nombreuses et prudentes, il entre en pourparlers avec les exécuteurs testamentaires de Caillebotte...

— Enchanté, messieurs. Vraiment, ce M. Caillebotte était un homme bien généreux, et vous-mêmes vous êtes des artistes incomparables.

Devant la collection réunie, l'Etat pousse des soupirs de découragement :

— Il y en a trop ! gémit-il. Il y en a trop !

D'abord, vous n'ignorez pas que, par un décret aussi sage que restrictif, nous ne pouvons admettre, pour le Luxembourg, que trois toiles d'un artiste vivant.

— C'est pourquoi, répondent les exécuteurs testamentaires, vous avez sept Meissonier au Luxembourg !

— Ils sont si petits !

— Et si l'on vous en donnait cinquante mille, vous sauriez bien les accrocher tous. Au besoin, vous n'hésiteriez pas à faire construire un palais pour eux.

— Sans doute ! Mais Meissonier est Meissonier !

— On ne vous le reproche pas, et nous sommes plus tolérants. Nous trouvons ça très bien, au contraire. Il y a des gens qui aiment le Meissonier et à qui cela fait plaisir de venir le dimanche s'ébaubir devant ces images vénérées. C'est parfait ! Nous ne demandons pas tant ; nous voudrions seulement que les peintres officiels, dont vous représentez, en ce moment, l'omnipotente avidité et les éternelles rancunes, agissent comme nous... quoique, dans le fond, entre nous, n'est-ce pas, nous nous moquions absolument du Luxembourg ! Notre idéal n'est pas là, croyez-le. Mais nous sommes ici pour exécuter les volontés d'un mort qui fut notre ami. Acceptez-vous ?

— Vous nous mettez dans une situation ter-

rible ! Quel dommage, vraiment, que M. Caillebotte ait eu la malencontreuse idée d'imposer
une condition à son legs ! Pourquoi ne nous
a-t-il pas légué ces tableaux sans condition? Nous
les eussions enterrés quelque part. Il n'en eût
plus été question, et tout le monde serait tranquille aujourd'hui. Au lieu que nous sommes-
là, à discuter. Vraiment, les morts ont parfois
des inventions bien bizarres.

— Enfin, oui ou non, acceptez-vous? Si le
nombre des toiles vous gêne et que vous vouliez
respecter un décret dont vous savez si bien vous
passer en d'autres occasions, eh! bien, choisissez
dans le tas les tableaux qui vous plairont et lais-
sez-nous le reste.

— Impossible ! Il nous faut tout prendre ou
tout laisser !

— Eh ! bien, prenez-vous ?

— C'est très délicat.

— Ou laissez-vous ?

— C'est bien tentant !

— Il faut pourtant vous résoudre à l'une quelconque de ces deux extrémités.

— Comme vous y allez ! Les choses, que
diable, avec moi, n'ont jamais cette allure. Sapristi ! laissez-moi réfléchir.

Et les mois s'écoulent. L'Etat est toujours
perplexe. Enfin, un beau jour, il convoque les
exécuteurs testamentaires.

— J'accepte le legs, dit-il.

— Ah ! enfin !

— Oui, je l'accepte. Seulement, je mettrai
une partie des tableaux à Versailles, une partie à
Compiègne, une autre à Fontainebleau, et rien
au Luxembourg.

— Pardon ! répliquent les exécuteurs testamentaires, le testament est net, il est clair comme
le jour. Les tableaux seront au Luxembourg où
ils ne seront pas.

— Mais ignorez-vous donc que Versailles,
Compiègne et Fontainebleau ne sont que des suc-
cursales du Luxembourg ! Ce n'est pas de la
province, que diable ! Et quels souvenirs historiques ! Louis XIV, Napoléon III, Casimir
Perier !

— Le Luxembourg ou rien !

— Ah ! vous êtes intolérables, à la fin. Allez
vous asseoir.

— Alors, c'est bien décidé, vous refusez ?

— Je refuse sans refuser. J'accepte sans accepter ! Nous reparlerons de cette affaire dans
une quinzaine d'années, si vous le voulez bien.

L'amateur avait écouté ce récit, et voici comment il conclut :

— En ce qui me concerne, comme il m'est
très désagréable de penser que mes tableaux, qui
m'ont coûté tant de recherches, tant d'argent,
puissént être, un jour, après ma mort, dispersés
par le hasard d'une vente ou d'un partage, je
prends le parti de les léguer... à l'Angleterre,

qui se fera une véritable joie de les accepter et de leur donner, à la *National Gallery*, les places d'honneur qu'ils méritent.

Parodiant un mot célèbre, il s'écria :

— Ingrate patrie, tu auras peut-être mes os, mais tu n'auras pas mes tableaux !

Puis il sortit noblement.

Je crois tout de même qu'il exagère.

(*Le Journal*, 24 décembre 1894.)

ÇA ET LA

— Il y a beaucoup d'expositions de peinture, en ce moment; il y en a partout. Et mon ami Kariste ne me quitte plus. Sa joie est grande à dévider l'écheveau jamais rompu de ses théories. Elles s'enroulent et se déroulent sur les bobines de son bavardage, sans une minute de répit. Pourtant, vendredi, dans la galerie Durand-Ruel, devant les extraordinaires cathédrales de Claude Monet, il est resté silencieux et grave. Et comme je m'étonnais :

— Ça! me dit-il, c'est tellement beau, c'est, vois-tu, tellement *autre*, qu'il faut se taire. Les théories, en face de cette merveilleuse réalisation, se dissipent et s'évanouissent, comme des brumes devant le soleil! Que veux-tu que je raconte, devant ça? devant ça qui est un prodige? Ça me renverse! Oser s'attaquer à ça, c'est déjà d'une force rare, d'une audace d'esprit unique, mais le réaliser... comprends-tu? réaliser cet immense effort, c'est confondant! Devant la révélation de ce mystère divin de l'art, je suis comme une sainte devant l'apparition corporelle, palpable, de son Dieu! Je suis abruti! Et je ne dis rien! La moindre parole, en ce moment, me semblerait un blasphème! Quand l'art atteint ces hauteurs, il faut admirer, comme on prie, nom d'un chien!

Et il ajouta :

— Pas d'erreur, tu sais! Claude Monet, c'est le grand patron! Et pas de lys!...

Il me fut impossible de lui arracher d'autres paroles, ce jour-là.

*
* *

Hier, nous sommes retournés au Champ-de-Mars et nous sommes restés de longues minutes devant les toiles de M. Albert Besnard. Kariste me dit :

— Avoue que tu as été injuste, une fois, pour celui-là! J'aime l'injustice quand elle ne vient pas d'un cœur bas; elle a ceci de charmant que c'est une grande douceur de la réparer. Et puis, dans les éreintements de certaines gens contre certaines choses, il n'est pas rare d'y démêler, parfois, un peu de tendresse! Est-ce qu'on éreinte Bouguereau? Albert Besnard est un bel artiste, un curieux de la vie, un chercheur passionné qui s'efforce vers le beau et le noble dans l'art. Il a pu se tromper quelquefois. Qu'est-ce

que ça fait? Aimer la vie, comprendre la vie,
tout est là! Il lui est arrivé une chose peu
commune et presque glorieuse : de se défaire,
par la nature, de toute une éducation artistique
commencée dans les écoles et les académies. Il
est beau qu'un Prix de Rome reconquière sa
liberté morale et son génie individuel, et c'est
rare. Regarde ces toiles : le dessin en est souple
et libre, il y a de jolis frissons dans la lumière
qui l'enveloppe, et le mouvement en est distingué. De la gaieté, de l'abondance, de la verve,
un sens très pénétrant de la volupté dans les
chairs de la femme, une intelligence supérieure
dans l'arrangement. Cette tête de femme algé
rienne, avec ce bouquet de géranium et cette
peau d'ambre chaud, c'est presque un chef-
d'œuvre! Oui, mon cher, presque un chef-
d'œuvre, oui, n'est-ce pas? Tu le sens, c'est vraiment un morceau de maître! Ne gaspillons pas
les vrais artistes. Aimons-les, honorons-les, car
ils ne sont pas nombreux...

Après avoir erré à travers les salles, nous des-
cendîmes au jardin pour fumer des cigarettes.
J'amenai Kariste devant un petit groupe en
plâtre. Et tout de suite, il poussa un cri d'admiration.

— Qu'est-ce que c'est?

— Le catalogue est muet et le groupe ne se dénomme pas, répondis-je. C'est, tu le vois, une femme qui raconte une histoire à d'autres femmes qui l'écoutent. Cette œuvre est d'une jeune fille, Mlle Claudel.

— Oui, parbleu! je savais bien, s'écria Kariste. Je reconnais maintenant celle qui fit la *Valse*, la *Parque*, la *Tête d'enfant*, le buste de *Rodin*. C'est tout simplement une merveilleuse et grande artiste, et ce petit groupe la plus grande œuvre qu'il y ait ici. Sais-tu bien que nous voilà en présence de quelque chose d'unique, une révolte de la nature : la femme de génie?

— De génie, oui, mon cher Kariste. Mais ne le dis pas si haut. Il y a des gens que cela gêne et qui ne pardonneraient pas à Mlle Claudel d'être qualifiée ainsi.

Kariste trépignait de joie enthousiaste devant cet admirable groupe, d'une absolue beauté et telle qu'on n'eût rien trouvé de plus pur, de plus fort, à Pompéi et à Tanagra, au temps où les artistes divins y foisonnaient dans l'émerveillement de la nature et le culte de la vie. D'une composition délicieusement imaginée, d'une interprétation de la nature vraiment miraculeuse, d'un métier savant, souple, ce groupe l'enchantait comme une découverte. Il ne se lassait pas de le regarder, d'en faire sortir toutes les beautés.

— Et on ne la connaît pas! s'écriait-il. Et l'État n'est pas à genoux devant elle, pour lui

demander de pareils chefs-d'œuvre! Mais pourquoi?

— Oui... pourquoi? Est-ce qu'on sait? Pour
ne pas déplaire aux amateurs, peut-être!

— Mais c'est un devoir d'encourager une
pareille artiste! Ce serait un crime que de ne
pas s'intéresser à la vie de cette femme unique,
capable à elle seule d'illustrer un musée, une
place publique, n'importe quoi!

— Sans doute! Mais va dire cela dans les
bureaux! On t'y recevra bien! Ah! il y a des
choses tristes et qui font pleurer. Voilà une jeune
fille vraiment exceptionnelle. Il est clair qu'elle
a du génie comme un homme qui en aurait
beaucoup. C'est de tradition dans la famille,
d'ailleurs, puisqu'elle est la sœur de cet atta-
chant Paul Claudel en qui nous avons mis
l'espoir de grandes œuvres futures. Eh! bien,
cette jeune fille a travaillé avec une ténacité,
une volonté, une passion dont tu ne peux pas te
faire une idée. Enfin, elle est arrivée à ça!
Oui, mais il faut vivre! Et elle ne vit pas de son
art, tu le penses! Alors le découragement la
prend et la terrasse. Chez ces natures ardentes,
dans ces âmes bouillonnantes, le désespoir a des
chutes aussi profondes que l'espoir leur donne
d'élan vers les hauteurs. Elle songe à quitter
cet art.

— Qu'est-ce que tu dis là? rugit Kariste, dont
le visage se bouleversa. Mais c'est impossible!

— As-tu donc du pain à lui donner, peux-tu lui payer ses modèles, ses mouleurs, sa fonte, son marbre?

— Voyons, le ministre des Beaux-Arts est, exceptionnellement, un artiste. Il n'est pas possible que cet art ne le touche, puisqu'il nous arrache les entrailles, à nous! On pourrait lui parler. Je sais qu'il est accessible et plein de bonne volonté. Mais, de ne pas avoir tout fait pour donner à une aussi grande artiste la tranquillité d'esprit qu'il faut pour le travail, ce serait une responsabilité, et qu'il ne voudrait pas assumer. Voyons, mon ami, pense à cela. Est-ce possible?

— Sans doute. Mais le ministre n'est pas toujours le maître. Et qui donc sait ce qui se passe dans les bureaux?

— Un amateur, alors. Il doit y avoir un amateur riche...

— Les amateurs, mais ils ne veulent que les œuvres consacrées et les artistes arrivés aux honneurs.

Et Kariste frappait le sol de sa canne, et à toutes mes objections criait :

— Mais elle a du génie!

Et ce mot de génie, dans ce grand jardin où des êtres aux yeux vides passaient et repassaient sans seulement jeter un coup d'œil sur l'œuvre de Mlle Claudel, résonnait comme un cri de douleur.   (*Le Journal*, 12 mai 1895.

DES LYS! DES LYS!

J'ai rencontré, hier, mon ami Kariste, le
peintre de symboles. Il y avait longtemps que je
ne l'avais vu. Le pauvre diable était bien changé,
il me parut fort mal en point. Ses habits déno-
taient une profonde misère ; son visage maigre
et tourmenté, une tristesse infinie et grimaçante.
Tout de suite, après les poignées de mains
échangées, il s'exalta en paroles, en théories, en
gestes désordonnés. C'était un flux précipité de
souvenirs, de projets, auxquels se mêlaient des
récits de sensations étranges, des croquis de
paysages, des plans de réforme sociale, lambeaux
de nature, d'humanité et de rêve, choses vagues,
haletantes, trépidantes, sans lien entre elles et
comme vues, le soir, par la portière d'un wagon
qu'emporte, on ne sait où, une locomotive
chauffée à toute vapeur. Puis, tout à coup,
s'interrompant, au milieu d'une phrase bis-

cornue, il m'apprit qu'il avait, en ce moment, chez C..., le marchand de tableaux, une exposition de cinquante toiles et dessins.

— Ça ne t'ennuierait pas de les voir? me demanda-t-il presque timidement.

Et, sans attendre ma réponse, me tirant par le bras, il pirouetta sur ses talons et m'emmena chez C... ; l'idée qu'il allait me montrer de sa peinture l'avait, soudain, rendu grave et silencieux. A peine s'il répondit à quelques questions que je lui adressai.

Nous entrâmes chez C..., dans une petite salle sombre et basse où, sur les murs, s'alignaient les tableaux qu'on voyait à peine, car leur propre obscurité s'aggravait encore de l'obscurité ambiante qui les noyait de ténèbres.

— Il n'y a pas beaucoup de jour ici, s'excusa mon ami Kariste, mais c'est la seule salle que j'aie trouvée... Et puis, mes amis prétendent que l'ombre convient au mystère... Et puis, il ne vient jamais personne.

Je constatai, avec une véritable affliction, que ces tableaux étaient l'œuvre d'un fou. C'étaient des volutes jaunes sur des surfaces bleues ; des Christs cagneux dont les bras en croix finissaient en fleurs de lys sanglants ; des oiseaux aptères, picorant dans des ciels rouges ; de bizarres étoiles qui ressemblaient à des yeux de prostituées ; des forêts mystiques où le tronc des arbres figurait de vagues apparences humaines et les ramures se couvraient de feuillages pareils aux serpentins multicolores du carnaval. Tous offraient des imaginations identiques où se révélait l'état d'esprit singulièrement morbide de mon ami.

Kariste espionnait mes impressions au coin de mes yeux et dans mes gestes. Vainement je cherchai un compliment que je ne trouvai point.

Nous sortîmes, un peu gênés, en silence et, je ne sais pourquoi, nous nous dirigeâmes vers le jardin des Tuileries. Cette fin d'un jour d'avril était charmante. Le soleil déclinant donnait aux arbres un aspect plus léger, une finesse poudroyante ; et le rectangle de l'Arc de Triomphe s'enlevait, tout bleu, dans l'illumination du ciel occidental. Sur le tapis des avenues mille choses brillaient, chatoyaient : des voitures, comme des pierreries, des toilettes, comme des fleurs.

Nous tombâmes sur un banc, moi, énervé de fatigue, le cerveau vide, les yeux brûlés ; lui, morne et navré, et pareil aux pauvres diables accablés par la faim et les routes trop longues. Il accouda sa tête aux paumes de ses mains et lança, contre le sol, des jets de salive. Jamais je ne l'avais vu aussi maigre, aussi affreusement décharné. Ses omoplates remontées semblaient trouer, comme des clous, l'étoffe fripée de son veston. Son chapeau noir bossué, sa barbe mal taillée et ses cheveux trop longs lui donnaient l'aspect d'un mendiant ou de ces tristes bohèmes

qu'il prenait tant de plaisir, jadis, à railler, lui,
toujours correct dans sa tenue bougeoise et
presque élégante. Je me repentais fort de ne pas
lui avoir été secourable d'une bonne parole, tout
à l'heure, lorsqu'il semblait l'implorer. Et le
cœur ému de tant de misère, et de toute la souffrance morale que cette misère révélait, je crus
que j'allais fondre en larmes.

Tout à coup, Kariste me dit :

— Je te dégoûte, hein? Tu me crois un fou,
comme les autres ?

Et comme je me disposais à protester, mon
ami ne m'en laissa pas le temps et il continua,
faisant, lui-même, la réponse à sa question :·

— Si... si... je te dégoûte ! ne mens pas...
Je te dégoûte. Et moi aussi, je me dégoûte,
va !

Puis d'une voix fiévreuse, il débita :

— Vois-tu, en art, il n'y a qu'une chose belle
et grande : la santé ! Moi, je suis un malade,
et ma maladie est terrible, parce que, maintenant, je suis trop vieux pour m'en guérir. C'est
l'ignorance ! Oui, je ne sais pas un mot de mon
métier, et jamais, jamais je n'en saurai un mot !
Je ne suis pas un fou, comme tu pourrais croire.
Je suis un impuissant, ce qui est bien différent.
Ou, si tu aimes mieux, un raté, ce qui est pire.
Sais-tu pourquoi je me bats les flancs et me torture l'esprit pour trouver un tas de choses
compliquées, ce qu'ils appellent, les autres, des

sensations rares et des intellectualités supérieures, et ce qui n'est que de l'enfantillage et du mensonge? Sais-tu pourquoi? C'est parce que je suis incapable de rendre le simple! Parce que je ne sais pas dessiner, et parce que je ne sais pas ce que c'est qu'une *valeur*! Alors, je remplace ça par des fioritures, des arabesques, par un tas de perversions de formes qui ne donnent de l'illusion qu'aux imbéciles. Et comme je ne peux pas mettre un bonhomme debout sur ses jambes, je le mets debout sur sa tête, comprends-tu? On dit : « C'est épatant! » Eh! bien, non, ce n'est pas épatant. Je suis un cochon, voilà tout! Va donc voir si les Terburg, les Metzu, les Hals, les Rembrandt ont cherché à peindre la douleur des étoiles, par exemple! Ils ont peint des hommes et des femmes, tout bêtement! Et ça y est! Et le père Corot? Est-ce qu'il a voulu peindre des arbres la racine en l'air, et des sarabandes d'astres en ribote? Non! Et ça y est! Ah! qu'ils m'ont fait du mal, ces esthètes de malheur, quand ils prêchaient de leur voix fleurie l'horreur de la nature et de la vie, l'inutilité du dessin, le retour de l'art aux conceptions des Papous, aux formes embryonnaires, à l'existence larveuse! Car ce n'est pas autre chose, leur idéal, dont ils ont empoisonné toute une génération! C'est l'exaspération du laid et le dessous du rien! Ah! leurs princesses avec des corps en échalas et des visages

pareils à des fleurs vénéneuses, qui passent sur
des escaliers de nuages, sur des terrasses de
lunes malades, en robes de tôle galvanisée !
Ah ! leurs amantes émaciées et longues comme
des gaules à pêche, leurs amantes qui marchent
sans jambes, qui regardent sans yeux, qui
parlent sans bouche, qui aiment sans sexe, et
qui, sous des feuillages découpés à la mécanique,
dressent des mains plates, cassées au poignet
par la même éternelle flexion ! Et leurs héros
qui puent la sodomie, la névrose et la syphilis !
Je n'ai jamais cru à cet art pauvre, à cette basse
et facile mysticité, et pourtant, peu à peu, je me
suis, sans le savoir, laissé prendre par toutes ces
théories empoisonnées qui corrodent l'air spirituel que nous respirons, nous autres jeunes gens,
avides de nouveauté, facilement portés à croire
que le beau, c'est le bizarre... Au lieu de travailler méthodiquement, d'apprendre à dessiner
un beau mouvement de nature, une belle forme
de vie, de chercher le simple et le grand, j'ai fini
par penser que le heurté, le déformé, c'était tout
l'art ! Et voilà où j'en suis aujourd'hui ! Je suis
fichu ! J'ai un métier et ne puis pas m'en servir.
Pourquoi ?

Il se redressa un peu sur son banc, et, du fer
de sa canne, il dessina sur le sable des lignes
droites, des formes carrées.

— Tiens ! sais-tu pourquoi, aujourd'hui, on
fabrique des meubles si prodigieusement laids,

si chargés de sculptures hideuses, d'ornements
qui font vomir un homme de goût? Oh! mon
Dieu, tout simplement parce que les menuisiers
ne connaissent plus leur métier. Ils ne peuvent
plus menuiser une belle ligne ni établir une
belle harmonie de proportions. Alors, ils te
fichent du décor à tire-larigot! C'est pourtant
beau une table sans moulure, sans rien que de la
ligne, hein? Oui, mais voilà, va te promener,
c'est trop difficile. Eh! bien, moi, mon vieux,
je suis comme ces menuisiers : c'est pour mas-
quer mon impuissance que je vais cherchant
toutes ces pauvres folies. Seulement, moi, j'en
crève! Oh! avoir une belle santé d'art, tiens,
comme Manet, comme Claude Monet, comme
le père Corot qui a tout dit, tout vu, tout
rendu! Est-ce que ça n'est pas du rêve aussi,
leur peinture? Est-ce que, dans l'admirable
équilibre de leur cerveau, on ne sent pas l'enthousiasme, l'éternelle jeunesse de la poésie,
l'ardeur splendide et généreuse des imaginations
créatrices? Et ils savent, eux! Ce sont de profonds ouvriers! Ah! savoir!

— Ne peux-tu donc t'astreindre à un travail
méthodique? dis-je à Kariste. Si tu penses que
tu ne sais pas assez, pourquoi ne pas apprendre?
Il me semble que tu le pourrais. Tu garderas
ton imagination, les emballements, puisque ton
originalité est faite de ces choses; mais, en t'im-
posant un travail tout bête, en copiant les formes

de la nature, tu acquerras le métier qui te manque !

— Non ! il est trop tard ! gémit Kariste. Le poison est dans mon sang. Il a paralysé ma main. Je ne puis plus... je ne puis plus... je suis fichu !

Et, après un moment de silence, il dit :

— M'en aller ? Je n'ai pas d'argent, et j'ai la terreur de la solitude. Rester ici ? Mais j'entendrai toute la journée les voix maudites me corner aux oreilles : « Des lys ! des lys ! des lys !... »

Kariste se leva, fouetta l'air de sa canne et, au grand étonnement d'un monsieur qui passait près de nous, il cria d'une voix tonnante :

— Des lys !... des lys !... De la m...!

(Le Journal, 7 avril 1895.)

TOUJOURS DES LYS !

Au Salon du Champ-de-Mars, nous nous étions, Kariste et moi, arrêtés devant les Burne-Jones. Kariste dit :

— Moi aussi, autrefois, j'ai clamé : « O Burne-Jones ! » avec des yeux mouillés d'extase et une bouche en prière ! Il est vrai que je ne connaissais rien de lui et que, ce cri d'adoration, je le poussais sur la foi d'esthètes très emballés qui l'ignoraient plus encore ! Et puis, c'était la mode dans les cénacles néobockistes ! Je l'ai connu depuis, à Londres ; et le voilà encore à Paris ! Là, franchement, conçois-tu un art plus irrécusablement calamiteux que celui-là, un art plus indiciblement rien ? Mais c'est en dessous des chromos de suppléments illustrés ! Cela s'apparie à feu Delort et à défunt M. Béraud qui ravigote ses mysticités de ce fameux accent parisien, tu sais ? Ah ! ils me font rire, les esthètes qui divinisent Burne-Jones, et montrent de si forts dédains envers Alma Tadema ! Pourquoi ?

On n'en sait rien, car c'est exactement le
même art ou, si tu préfères, la même absence
d'art, avec cette différence pourtant, en faveur
de Tadema, que ce dernier comprend mieux,
tout de même, son métier de bas enlumineur et
de patient lécheur de marbre. Non, vois-tu,
Burne-Jones est une des plus énormes mystifica-
tions de ce temps! Ils sont vingt mille dans les
soupentes des Écoles de dessin et les Académies
officielles qui peignent comme ça! Et on les
engueule! C'est stupéfiant! Et il raconte à ses
familiers : « Moi, je ne suis pas un Anglais,
je suis un Italien du xve siècle! » Pas Anglais,
lui! Pauvre petit! C'est-à-dire qu'il résume
à soi seul toute l'Angleterre burlesque! Pas
Anglais! Mais ce n'est pas Burne-Jones qu'il
devrait s'appeler, c'est Bull-John!

Et Kariste se mit à rire d'un rire strident et
mauvais. Il poursuivit avec des gestes nerveux :

— Examine maintenant cette toile, l'*Amour
dans les ruines*, non pas au point de vue du
dessin, si péniblement, si onaniquement indi-
gent, ni de la couleur, si intolérablement hos-
tile, mais au point de vue de l'ensemble! Tout
y a la même importance picturale et la même
valeur dramatique, le groupe des amants, les
monuments, le portique, les horizons, le ciel,
les lianes sauvages, les fleurettes perdues dans
l'herbe! Tu peux découper cela en cinquante
morceaux, au hasard, et tu auras cinquante

tableaux, tous plus complets, plus archifinis les uns que les autres ! Le morcellement de la grande peinture, quoi ! Et tu appelles cela de la composition ?... Il y a plus fort. Si tu pousses une colle à un fervent de Burne-Jones, il finira par t'abandonner le dessin, la couleur, la mise en toile, qualités qu'il juge extérieures, par conséquent nuisibles à une œuvre d'art. Et il te dira : « Tout cela est hideux, soit ! Mais vous oubliez, monsieur, que le Maître donne aux femmes des apparences de jeunes garçons ; aux jeunes garçons des apparences de femmes, et que c'est là une intellectualité admirable, extraordinaire ; vous oubliez que cette substitution des sexes cache tout un monde de pensées merveilleuses et de suradorables symboles, oui, monsieur, tout un monde ! » Compte là-dessus, mon bonhomme. Et chacun t'expliquera, à sa façon, ces intellectualités extraordinaires, ces pensées merveilleuses, ces suradorables mystères. Les uns t'affirmeront que telle toile est d'une pureté liliale et parthénonésique ; les autres qu'elle est d'une satanique perversité. Et ils t'en donneront des preuves également plausibles. « Je vous plains, monsieur, me dit, un jour, un brave Anglais, luxuriant armateur de Liverpool, je vous plains de ne rien comprendre à la magie de ces œuvres divines, car, pour nous, qui sommes initiés, nous y découvrons, — et c'est notre récompense, — nous y découvrons, tous les jours,

d'émerveillantes et profondes obscénités ! » Quant
à Burne-Jones, il s'embrouille, de plus en plus,
dans le labyrinthe de ses symboles. Il ne sait
plus au juste si c'est chaste ou obscène, et il
lui arrive cette malchanceuse ironie d'infliger à
ses tableaux des commentaires successifs et différents qui se détruisent l'un par l'autre à deux
années de distance ! Ah ! qu'il eût sagement
agi de suivre l'exemple de son compatriote, le
poète Robert Brownning, lequel fut un homme
avisé et vraiment prévoyant. Dans la crainte de
ne pouvoir, plus tard, retrouver le sens de ses
poèmes, il fonda une sorte de club dont il
s'attribua d'ailleurs la présidence, et qui fixa,
après de longues discussions, la signification *ne
varietur* de ses vers. Lorsqu'il se perdait dans
ses propres symboles, il n'avait qu'à consulter
un grand registre où les décisions du club étaient
consignées et renforcées de notes copieuses. Ce
registre lui était comme un guide, un Bædecker
moral, auquel il recourait chaque fois qu'il entre-
prenait un voyage de souvenir à travers les
routes, les monuments, les villes, les jardins,
les archipels de sa pensée. Il ne s'y égarait plus
et ne s'exposait plus à ce désagrément de prendre
un lys pour un fleuve et un château pour un
cygne ! Tout cela est vraiment comique. Allons
prendre un bock, car j'ai soif !

  La foule était grande. Nous avancions lentement à travers les salles. Kariste continua :

— Et la folie qui est née de cela, est-ce curieux !... Et comment l'expliquer ? Car Paris commence à en être atteint. Je connais des salons parisiens où, sur des fonds de pavots mourants, dans des meubles de laque rose, quelques esthètes des deux sexes, et même des trois, se pâment au nom de Burne-Jones. Mais en Angleterre c'est bien autre chose. Burne-Jones est quelqu'un de plus qu'un peintre, c'est une sorte de dieu. Il a son culte que célèbrent des jeunes femmes réunies en une secte élégante et mystique qu'on appelle : les Ames. J'ignore quels sont les rites de cette religion et la nature des sacrifices qu'on y offre à la divinité. Mais je pense qu'il ne serait peut-être pas indifférent de les connaître et de les pratiquer. Les Ames sont, en général, de fort jolies personnes à chevelure rousse, de ce roux vénéneux et charmant que mit à la mode Dante-Gabriel Rossetti. Drapées, comme la Véronica Véronèse, en des robes flottantes aux tons fanés ou suris, elles cachent, avec la plus excitante des pudeurs, les lignes et les matérialités de leurs corps sous des plis d'un esthétisme très étudié. De leur chair mortelle elles ne laissent voir que le visage mince, effilé et très pâle, et de longues mains de martyre que serrent, au poignet, des manches battantes comme des ailes. Par leur angélisme volontairement ambigu et leur incorporéité savamment troublante, elles s'efforcent de ressembler aux

princesses, aux captives, aux vierges, aux che-
valiers hermaphrodites que peignit le dieu Burne-
Jones. Mais, quoi qu'elles fassent, elles n'en
peuvent imiter la raideur mannequinée, la pauvreté de coloris et la sèche incorrection de
dessin. La vie se trahit, en elles, par des bouches
très rouges, étonnamment sensuelles, et des yeux
ardents, sous le bistre, et dont on ne sait pas bien
quelle flamme en attisé le regard, flamme de
volupté ou d'ascétisme ? Les deux, sans doute,
car les vieux sadiques et les vieilles matrones te
diront que rien n'exalte la luxure comme la sin-
gerie moniale, et qu'un cilice bien porté est un
merveilleux adjuvant des amours damnées : on
rencontre quelquefois des Ames dans les parcs
de Londres. Elles marchent, ou plutôt elles
glissent sur le sol, sur les gazons étoilés de
crocus, un peu penchées comme si elles allaient
tomber. Et elles tiennent à la main tragiogra-
phiquement, non plus des tiges de lys ou des
branches de tournesol, mais des arums, des
s. n. d. D. d'arums, dont le cornet ivoirin est, en
ce moment, la fleur rituelle du préraphaélisme.

Nous avions pu gagner le café et, devant les
bocks servis et vidés, loin de se tarir comme eux,
la loquacité de mon ami Kariste redoubla et se
fit torrentielle.

— Une fois, j'ai, dans une maison de Chelsea,
passé la soirée avec une Ame, oui, mon vieux,
avec une Ame ! Ah ! ce fut rigolo, je t'assure !

Quand elle sut que j'étais un peintre symboliste
et que je peignais des intellectualités avec quinze
jambes et dix-huit bras, et que je leur mettais le
derrière sur la poitrine, et le sexe au bout du nez,
l'Ame me fut aussitôt « liliale » et « lointaine »
et « sororale » et « botticellesque ». Elle ne voulut plus me quitter, et me raconta ses petites
affaires. Ah ! qu'elle était inassouvie et asexuée,
si tu savais ! Tellement asexuée ! Elle ne man-
geait pas, sinon, tous les quinze jours, à la pointe
d'un couteau d'or, des confitures canaques, faites
avec des fruits inconnus ! Ou bien elle buvait
dans des graals de jade, un breuvage mystérieux, etc..., etc. N'étant pas habitué à ces
manières primaveresques, je crus qu'elle se
moquait de moi. « — Eh! bien, moi, lui dis-je,
ma chère Ame, je mange comme un loup, et
je..... comme un carme! » L'Ame s'évanouit et
je dus quitter le salon, poursuivi par les huées de
l'assistance...

Et, frappant sur la table, mon ami Kariste dont
l'œil s'allumait d'une double lueur de colère et
de rire, me demanda brusquement :

— Enfin, pourrais-tu me dire pourquoi tous
les antiphysiques ne vous parlent jamais que de
Botticelli et de Maritezna, et pourquoi ils se
roulent sur les étoffes de Liberty?

Puis, fatigué d'avoir tant parlé, il se tut, sans
écouter ma réponse.

(Le Journal, 28 avril 1895.)

LE PORTRAIT DE SA FEMME

M. le président Toutée, flanqué de ses deux juges, vient d'inventer un nouveau moyen de faire fortune. Ce moyen est simple à pratiquer et la réussite en est certaine. Il consiste à faire faire le portrait de sa femme par un peintre en renom. Voici comment vous devez opérer légalement. Je dis légalement, car ce moyen a force de loi depuis jeudi.

Vous commandez le portrait de votre femme à un peintre avec qui vous entretenez des relations d'amitié. Il importe que ce peintre soit habilement choisi parmi ceux dont la réputation est universelle et dont les tableaux atteignent les plus hauts prix. Et vous lui dites, avec une émotion cordiale, en l'accablant de poignées de mains généreuses et attendries :

— Je n'ai pas la prétention de vous payer le portrait de ma femme ce qu'il vaut. Non, certes. Si je le payais au prix que je l'estime, ma fortune,

qui est considérable, pourtant, n'y suffirait
point.

Sur un geste de modestie protestatrice, vaguement ébauché par le peintre, vous accentuez vos
déclarations.

— Non, non, elle n'y suffirait point. Ni celle
de mon oncle, ni celle de mon banquier, ni celle
de personne n'y suffiraient point! Que diable !
je sais à qui je parle. Votre talent, votre génie,
oui, votre unique génie, qui... que...

Ici, votre enthousiasme s'exagère jusqu'à l'ampleur muette d'un geste qui embrasse l'univers.
Après quoi vous continuez sur un ton plus intimement ému :

— Je suis votre ami. Vous êtes mon ami.
Nous sommes tous de très chers amis, ensemble.
Ce sera donc, si vous le voulez bien, un portrait
d'ami que vous ferez de ma femme... une
esquisse, un rien, un souvenir. Trois ou quatre
coups de brosse, comme ça ! très enlevés!...
Alors, que penseriez-vous de quelque chose
allant de deux mille six cents à trois mille six
cents francs, par exemple? C'est peu, je le
reconnais... C'est même rien du tout, je l'avoue!...
Je sais que, en d'autres circonstances, ma pro-
position serait d'un ridicule offensant! Mais
entre amis, entre les excellents amis que nous
sommes !...

Le peintre fait une moue dont la psychologie
se peut résumer par cette réflexion intérieure :

— Vous n'êtes guère généreux. Mais il me
répugne de discuter une affaire avec quelqu'un
qui m'accable de démonstrations si amicales. Si
vous étiez un amateur, je vous enverrais promener, courtoisement. Le diable veut que vous
soyez mon ami. Faisons donc le portrait... jusqu'à la lie.

Et il commence le portrait.

Les séances se succèdent durant des mois. Et
il en naît, comme vous l'aviez prévu, un admirable chef-d'œuvre.

Survient, en ces temps, je suppose, la fête du
peintre, ou tel autre événement propice à de plus
substantielles expansions. Par un sentiment de
délicatesse qui, dans la suite, devra vivement
toucher le cœur, le poétique cœur du président
Toutée, vous profitez de ce jour heureux pour
remettre entre les mains du peintre une enveloppe
cachetée, une immense et lourde enveloppe
cachetée, et vous accompagnez cette solennelle
remise d'un sourire mystérieux, d'une effusion
de reconnaissance, d'étreintes prolongées. A peine
si l'émotion peut vous permettre de prononcer
ces paroles.

— Ah! cher, cher, cher grand ami! Faites-
moi cette joie, cette merveilleuse joie de n'ouvrir
cette enveloppe (et vous en faites discrètement
apprécier le volume et le poids), cette enveloppe
que ce soir, chez vous, à huit heures, au milieu
de votre famille. Promettez-moi... Jurez-moi

que cette enveloppe (et vous la soupesez encore),
vous la garderez intacte, jusqu'à ce soir. Je
désire, je veux que, ce soir, au milieu des vôtres,
vous jouissiez — ah! si profondément — de la
surprise que je vous ai mise, là, dans la main !

Mais ces paroles que les lèvres n'ont pu ache-
ver, le regard les a dites, et bien d'autres encore,
— avec quelle éloquence! Elles sont dans le
sourire mystérieux, dans l'effusion de reconnaissance, dans les étreintes prolongées et cessées à
regret. Et tandis que le peintre, avec précaution,
avec respect, introduit dans sa poche la précieuse, large et lourde enveloppe, il ne cesse de
se répéter :

— Vraiment! quel charmant et délicat ami !

Le peintre rentre chez lui, et le soir, à huit
heures, au milieu des siens, suivant votre désir
si chaleureusement exprimé, il déchire l'enveloppe, et, ô surprise ! d'un épais matelas de
papiers et de cartons, il en sort, quoi?... un
chèque de deux mille six cents francs ! Vous lui
aviez dit : « Que penseriez-vous de quelque chose
allant de deux mille six cents à trois mille six
cents francs ? » Mais vous êtes resté en route, et
c'est là qu'était la surprise dont ils devaient tant
se réjouir, le soir, à huit heures, en famille !

Le peintre trouve d'un goût douteux cette
comédie de sourires mystérieux et de regards
reconnaissants, et d'effusions enthousiastes, et
cette insistance à lui faire palper les vains papiers

de l'enveloppe. Il vous écrit aussitôt une lettre,
courtoise encore, mais où les remerciements se
hérissent d'une fine et piquante ironie. Alors
vous vous fâchez, vous rompez la chère amitié,
vous réclamez brutalement le portrait, vous exi-
gez, avec des menaces, que le portrait vous soit
envoyé le lendemain. Naturellement, le peintre
regimbe et déclare que, du moment où vous
n'êtes plus son ami, vous avez repris votre qualité d'amateur et devez payer le portrait comme
le payent les amateurs qui ne sont pas des amis.
L'affaire se complique, et d'avoués en huissiers
elle arrive jusqu'au tribunal où le président
Toutée, en qui n'habite point l'âme biblique d'un
Salomon, va la trancher d'un coup de glaive,
stupéfiant et prodigieux.

Le président Toutée affirme juridiquement :

— Un visage est une propriété... la propriété
de celui à qui il appartient.

— Peut-être, répond le peintre. Un visage
peint est surtout, je pense, la propriété de celui
qui le peignit. Mais je ne chicane pas. J'admets
qu'il soit une propriété. Mais j'ai effacé le visage
litigieux et je l'ai remplacé par un autre visage
qui, lui aussi, serait une propriété.

— Soit, insiste le président Toutée. Mais il y
a une robe. Et la robe d'une femme est aussi la
propriété de cette femme.

— Je le pense bien. Mais j'ai changé aussi la
robe.

— Soit! Mais il y a un canapé sur lequel ce visage et cette robe sont assis. Et vous ne pouvez nier qu'un canapé soit aussi une propriété.

— J'ai changé aussi le canapé.

— Mais vous avez donc tout changé?

— Tout!

— Alors, il ne reste rien de l'ancien portrait ?

— Rien!

Un silence. Et le président Toutée ordonne :

1° Que le peintre vous restitue le portrait, qui n'est plus le portrait de votre femme ;

2° Qu'il vous restitue aussi l'argent du portrait, intégralement ;

3° Qu'il vous paye les intérêts à cinq pour cent, de cet argent, à partir du jour où fut envoyé le premier papier timbré ;

4° Qu'il vous paye, en outre, mille francs de dommages-intérêts ;

5° Qu'il se félicite de n'avoir pas été condamné au bagne, ou même à la peine de mort, peines d'ailleurs qui ne ressortissaient pas à la compétence du tribunal, ce qui est regrettable en l'espèce et constitue une fâcheuse lacune.

Et le tour est joué.

Vous êtes maintenant sur la voie de la grande fortune. Il ne vous reste plus qu'à commander, sous la protection du président Toutée, le portrait de votre femme, de votre fille, de votre maîtresse ou le vôtre, à tous les peintres, à tous les statuaires, à tous les aquarellistes, pastellistes,

aquafortistes, lithographes et graveurs. Cela vaut
mieux, cela est plus élégant pour un homme du
monde qui se respecte, que de toucher des pots-
de-vin dans les Panamas, et de se faire entretenir
par des restaurateurs, tailleurs, entraîneurs et
jockeys.

***

Et je me rends compte de l'immense regret qui
dut envahir l'âme des deux frères Coquelin à la
lecture de cet admirable arrêt. Avec quelle amère
tristesse ils durent faire, chacun, la récapitulation
de leurs trois mille six cent quarante-quatre portraits, et se dire en additionnant les dommages-
intérêts du président Toutée aux prix d'amis dont
ils soldèrent l'infinie répétition de leur image
glorieuse : « Ça nous ferait, aujourd'hui, une fortune de plus de dix millions ! »

Rêvons !

(Le Journal, 24 mai 1895.)

AUGUSTE RODIN

Demain, à Calais, sera inauguré ce fameux groupe des *Bourgeois de Calais*, dont nous avons revu, cette année, au Champ-de-Mars, une des principales figures dans sa matière définitive, le bronze. Pour donner une idée de cette beauté d'art, grandie encore par une admirable vision d'histoire, il me faudrait de longues pages, car tout est à étudier, à retenir en cette œuvre puissante, la plus belle, la plus complètement belle, de la sculpture française, et l'originale simplicité de la composition, et la vie si intense qu'elle exprime, et la majesté tragique qui l'enveloppe comme d'une atmosphère de terreur, et surtout la maîtrise d'un métier dont M. Auguste Rodin est peut-être le seul aujourd'hui à connaître les perfections les plus secrètes.

Sur la place publique de la ville vaincue, affamée et sans armes, les six bourgeois ont délibéré. Pour sauver la ville de la ruine, et leurs concitoyens de la mort, ils ont fait le sacrifice

de leur existence et ils vont se livrer au roi d'Angleterre. Le monument de M. Rodin, ce n'est pas
autre chose, dans un miracle d'exécution, que
l'instant précis de cet héroïsme unanimement
accepté par les six bourgeois, mais différemment
ressenti, selon la différence des caractères qui
agissent en ce drame. Les vieillards, décharnés
par les longues privations d'un siège, redressent
leurs tailles en attitudes hautaines, presque pro-
vocantes, ou se résignent noblement; les jeunes
se retournent vers la ville, laissant derrière eux,
dans un suprême regard, le regret de cette vie à
peine commencée et dont ils n'ont connu que
les joies. Et derrière le groupe prêt à se mettre
en marche, l'on entend réellement le bourdon-
nement de la foule qui encourage et pleure, les
acclamations et les adieux. Nulle autre complica-
cation, nul souci du groupement scénique; aucune allégorie, pas un attribut dont se servent
les sculpteurs, pauvres d'idées, pour exprimer
l'illusion de l'idée. Il n'y a que des attitudes, des
expressions, des états d'âme. Les bourgeois par-
tent. Et le drame vous secoue de la nuque aux
talons.

Il me tarde de voir, en sa place choisie, ce monument incomparable, car la sculpture de M. Auguste Rodin a ceci de précieux que, les contours
en étant savamment atmosphérés, elle double de
beauté sous le ciel et dans la pleine lumière
d'une place publique. J'espère aussi que la muni-

cipalité aura consenti aux désirs de l'artiste qui
voulait pour son groupe une plate-forme très
basse, à peine élevée de quelques pieds au-dessus
du sol et semblable, par l'absence d'architecture,
à ces calvaires bretons d'un caractère si étrange
et si puissant. Nous le verrons demain.

On ne peut écrire la biographie d'un vivant.
Des convenances respectables, entées sur d'exi-
geantes susceptibilités, s'y opposent. La vie vivante a droit, non seulement au respect, mais au
mystère. Je ne parlerai donc pas de la vie de
M. Auguste Rodin. Je me bornerai à fixer, en ces
courtes lignes, quelques traits épars de son génie
novateur, de ce génie désormais incontesté en
qui toute la statuaire contemporaine reconnaît
son inspirateur et son maître.

Auguste Rodin est né à Paris en 1840. C'est
dire qu'il est aujourd'hui en pleine activité de
sa force physique, en plein épanouissement de
ses facultés intellectuelles. Très jeune, il entra
chez Barye; mais, comme la plupart des maîtres
en qui s'agite le monstre créateur, Barye ne
savait pas enseigner. Il était d'apparence timide,
silencieux et triste. Et la jeunesse aime les gestes
hardis, la parole sonore, la joie. Il ne semble pas
que ce séjour chez Barye, depuis tant admiré,
ait fait sur l'esprit de M. Auguste Rodin une
impression autre que celle d'un prodigieux et

invincible ennui. Aussi abandonna-t-il très vite
cet atelier pour entrer chez Carrier-Belleuse.
Aujourd'hui encore cette incompréhension de
jeune homme est, pour lui, un sujet de mélancolique étonnement et presque de remords. De
chez Carrier-Belleuse il alla en Belgique. Et, là,
durant plusieurs années, il paya, talent comp
tant, l'hospitalité d'un sculpteur belge, dont le
nom, je pense, est depuis longtemps retourné à
l'oubli — qui était chargé de décorer la Bourse
de Bruxelles. Au nombre des figures dont se
compose cette décoration, celles de Rodin sont
facilement reconnaissables à leur différence. Un
œil amoureux de la forme ne s'y trompe pas. Il
va vers elles, tout de suite, comme, dans une
foule d'indifférents, on va vers l'ami aussitôt
aperçu.

Durant qu'il travaillait obscurément pour les
autres, Auguste Rodin ne perdait pas son temps.
Il apprenait à vaincre les difficultés de son art,
et il se fortifiait l'esprit. Curieux de tout ce qui
vit, de tout ce qui pense, ayant de la nature et
de ses harmonies un sens très pénétrant, il se
donnait, tout seul, par des lectures abondantes
et choisies, par des habitudes d'assidue réflexion
et d'observation profonde, il se donnait une des
plus fortes éducations que je sache. Ses amis
savent quelle âme ardente, quelles énergies mentales, quel souple organisme cérébral, se cachent
sous la tranquillité douce et si fine, presque

rusée, de son masque. Pour ma part, je ne connais pas de joie plus vive qu'une promenade dans la campagne avec ce silencieux et admirable ami en qui la nature semble s'être complue à déposer ses secrets les mieux gardés. Car M. Auguste Rodin ne borne pas son action à la recherche de la vie plastique. De la ligne et du modèle, il remonte au mouvement, du mouvement à la volonté et à tous les phénomènes passionnels ou psychiques qui en découlent. Cela devait être ainsi pour qu'il pût réaliser l'œuvre qu'il allait entreprendre. Et M. Rodin aura été non seulement le plus grand statuaire de son temps, il en aura été aussi un des penseurs les mieux avertis des souffrances de l'âme humaine et des mystères de la vie. Non seulement il exprimera, avec une puissance toujours renouvelée, la logique beauté des formes, mais avec de la glaise, de la cire, du bronze et du marbre, il modèlera de la passion et créera de la pensée.

La première figure qu'il envoie au Salon, c'est l'*Age d'Airain*. Elle est belle. Quelques parties même en sont si admirables que le jury ne peut croire qu'il se trouve devant une œuvre d'art et, stupidement, conclut à un moulage sur nature. Pourtant s'accusent encore dans l'harmonie du corps, dans le modelé du torse et la levée du bras, du ressouvenir de l'antique. Il n'importe:

Le jury ne veut pas admettre qu'un statuaire
inconnu de lui soit capable d'une telle œuvre.
Et puis, aucun, parmi ces gens du métier, ne
sait que le moulage sur nature ne donne qu'un
ensemble de chairs mortes et de lignes affadies.
Auguste Rodin n'a pas de peine à se justifier, et
l'affaire ébruitée attire l'attention sur son nom.
Si les hostilités se montrent, se montrent aussi
des défenseurs. Peu à peu l'artiste sort de
l'ombre où il avait vécu jusque-là.

Vient ensuite un *Saint Jean-Baptiste prêchant*.
Ici, le statuaire rompt avec toute la tradition de
son art; passionné de nature et d'humanité, son
art, initiateur de formes et d'attitudes, s'affirme
éloquemment. Son saint Jean est tel que l'avait
conçu Gustave Flaubert : une sorte d'anachorète
farouche, à la puissante ossature décharnée par
les fatigues et les jeûnes. Les flancs se creusent,
les reins s'évident, le torse de lutteur amaigri
montre la carcasse tourmentée et douloureuse.
Il marche à grandes enjambées, très droit sur
des jambes nerveuses et des pieds secs que les
cailloux et les brûlants sables de la route ont cui-
rassés de corne. Et, prêchant comme on bataille,
il fait un geste violent qui distribue l'anathème.
Sa face est tout entière allumée de lueurs mystiques, sa bouche vomit des imprécations. A
peine s'il est question de cette œuvre de maître.
Paris la voit et ne la regarde pas; à Londres, où
elle est ensuite exposée, du moins on la discute.

Mais voici que successivement paraissent d'admirables bustes, et le public est bien forcé de s'arrêter devant des figures connues ou populaires, recréées par l'artiste avec une intensité de vie surprenante qui démasque l'âme.

C'est, d'abord, *Victor Hugo*, vieilli et déjà penché sur la mort. Visage profond où tout est revivant de cette Pensée, énorme et fulgurante, qui semble à l'étroit dans les limites d'un crâne humain, bossué de ses secousses et de ses formidables poussées : la seule image du poète où soit vraiment interprété ce qu'il y eut de force grondante et de rêve lumineux derrière ce front à la fois serein comme un ciel et houleux comme une mer d'orage, et ce qu'il y avait aussi d'étrangement faunesque dans l'expression de cette bouche de vieillard, aux plans rétractés.

C'est *M. Henri Rochefort*, avec son beau crâne de César Romain qu'avilit un ricanant toupet de clown. Toute l'histoire de l'illustre pamphlétaire est racontée en cet extraordinaire morceau de plâtre, que la fantaisie bourgeoise du modèle laissa longtemps inachevé. La blague rit, grimace, se tord sur des lèvres dont la double expression d'ironie et d'insouciance s'éteint parmi les lourdeurs molles des joues qui s'épaississent. C'est *M. Dalou*, masque impérieux, nerveux et trouble où la ruse se mêle à la noblesse, et dont le profil hardi, fier, opiniâtre est coupant ainsi qu'une lame d'acier. C'est

M. Jean-Paul Laurens, le digne pendant du Démosthène antique, et combien d'autres, jusqu'à *M. Puvis de Chavannes*, sûr ainsi d'une double immortalité! Et c'est toute la série des bustes de femmes, inoubliables figures, vivants poèmes, marqués dans leur modernité tentatrice du sceau de l'énigme éternelle, et qui vont, chantant, dans une symphonisation merveilleuse de la chair, le rêve qui gonfle les gorges naissantes ou épanouies, ou qui se lève de l'aromale beauté des nuques.

Cette fois, il faut bien que le public admire. S'il ne sait pas encore ce que dans ces œuvres il y a d'effort et d'art conquérant, du moins est-il étreint par un charme sensuel, par des secousses d'émotion physique qui, malgré lui, domptent et violentent son ordinaire inertie mentale.

En même temps le public apprend qu'Auguste Rodin travaille à une porte colossale qui lui a été commandée pour le Palais des Arts décoratifs. Cette porte, on la décrit, même avant que l'artiste en ait fixé la forme et déterminé l'arrangement. Chacun sait que les motifs qui s'y dérouleront lui sont inspirés par l'*Enfer* du Dante. Autour de cette entreprise grandiose se crée une véritable agitation, accrue encore par la connaissance de quelques fragments troublants. De temps à autre, dans des expositions libres, appa-

raissent de petits groupes, de petites figures
d'une passion étrange et neuve, qui le déroutent
dans ses goûts traditionnels du joli bête et de
l'insignifiant; tout un monde de souffrance et de
volupté, hurlant sous le fouet des luxures, se
ruant désespérément au néant des possessions
charnelles, aux étreintes farouches des amours
damnées et des baisers infâmes. Les corps marqués du mal originel, du mal de vivre en proie à
la fatalité de la douleur, se cherchent, se poursuivent, s'enlacent, se pénètrent, — spasmes et
morsures, — et retombent, épuisés, vaincus dans
cette lutte éternelle de la bête humaine contre
l'idéal inassouvissable et meurtrier.

Tout l'art de Rodin est dans ce petit bronze,
plus douloureux que n'importe lequel des poèmes
de Baudelaire. Le buste droit, la gorge en avant
et fleurie de chair tentatrice, le corps horizontal
et vibrant comme une flèche qui déchire l'air, la
face cruelle, inexorable, la Femme est emportée
à travers les espaces. Elle est belle de cette inétreignable beauté qu'ont les chimères que nous
poursuivons et les rêves que nous n'atteindrons
jamais. Renversé sur ce corps horizontal, est le
corps d'un adolescent, anatomie de souffrance.
Ses bras repliés en arrière cherchent à étreindre
ce torse implacable; ses jambes qui pendent
voudraient arrêter ce corps qui fuit. Nul enlacement de ces deux êtres : aucune partie de ces
deux vies charnelles ne se joint. Et cependant

tout, dans cet enfant, suppliant et vaincu, a soif
d'amour, d'embrassement, d'idéal, toutes choses
par quoi il meurt, qui sont là, à portée de sa
main, à portée de son âme, et que sa main ne saisira jamais et dont son âme jamais ne connaîtra
la possession. La femme fuit : elle ne se détournera pas.

Ce qu'il y a de poignant dans les figures de
Rodin, ce par quoi elles nous touchent si violemment, c'est que nous nous retrouvons en elles.
Suivant une belle expression de M. Stéphane
Mallarmé « elles sont nos douloureux camarades ».

Je n'ai pu donner qu'une notion bien incomplète, à peine intelligible, de l'œuvre déjà si
considérable d'Auguste Rodin. Je terminerai par
ces lignes que Stendhal écrivit en 1817 dans son
Histoire de la peinture en Italie : « Si un Michel-Ange nous était donné dans nos jours de lumière,
où ne parviendrait-il point? Quel torrent de sensations nouvelles et de jouissances ne répandrait-il pas dans un public si bien préparé par le
théâtre et le roman? Peut-être créerait-il une
sculpture moderne, peut-être forcerait-il cet art
à exprimer des passions! Du moins, Michel-Ange
lui ferait-il exprimer des états de l'âme... »

C'était la venue d'Auguste Rodin que Stendhal
annonçait ainsi. Mais l'eût-il aimé, lui qui n'aimait que Canova?

(Le Journal, 4 juin 1895.)

LES ARTISTES DE L'AME

Rencontré, hier, mon ami Kariste. A peine si je le reconnus. Il avait coupé ses cheveux. Ses vêtements étaient propres et n'affectaient aucune sorte d'esthétique particulière. Sa maigreur spectrale d'autrefois se capitonnait de graisse et, déjà, l'on sentait son ventre s'arrondir bourgeoisement sous le gilet. Ce qui m'étonna le plus dans cette métamorphose, ce fut de constater qu'il avait remplacé ses feutres à grandes ailes par un prosaïque haute-forme dont la soie, d'ailleurs douteuse, se rebroussait en tous sens.

— Que deviens-tu donc? lui demandai-je.

— C'est vrai! Tu ne sais pas, mais j'ai une situation très chic. Je suis un personnage officiel... presque de l'Institut. Comment! je ne t'avais pas annoncé cela? Je fais les dessins pour les boîtes d'allumettes. Oui, mon vieux, Hoche, Marceau, Murat, Kléber, tous les types

de la grande Epopée que tu admires sur les boîtes
de la Régie, c'est de moi!

— Mes compliments!

— Eh! bien, oui, voilà où mène le symbolisme,
à condition d'en sortir. Ah! c'est dur, quelquefois! Tu comprends, j'ai bien encore l'idée de
fourrer des lys, des iris aux panaches de ces
vieux grognards... Un vieux reste d'autrefois!
A part cela, je suis heureux comme un élec-
teur. Je me promène, je regarde, je rigole de
mon temps... je ne manque pas une Exposition
de peinture.

Et, tout à coup, pouffant de rire, il s'écria :

— Tu as vu? Ah! elle est épatante, celle-là!

— Quoi donc?

— Il y a, aujourd'hui, à la Bodinière, une
exposition des Artistes de l'âme.

— Allons donc!

— Oui, mon vieux... des Artistes de l'âme.
C'est imprimé sur des cartons, des affiches. Les
murs en crèvent de rire. Les Artistes de l'âme!

— Et quels? Nomme-les.

— Mais toujours les mêmes. Schwabe, Séon,
Osbert, un Point... C'est tout.

— Un Point? Armand Point, tu veux dire.
Celui qui peint des sphynges modernes?

— Parfaitement. Des sphynges batignollaises,
ou des âmes, c'est tout un.

— Et Maurice Denis? Est-ce qu'il en est?

— Non, mon vieux, pas cette fois-ci. Il se

réserve depuis qu'il fabrique des chambres à cou-.
cher... dehors...

— Comme tu es méchant !

— Tu l'as vue, sa chambre, hein? Je ne l'ai
pas inventée, que diable !

— Sans doute ! Mais on a dû certainement
t'expliquer, comme à moi, que cette chambre
n'était pas une chambre, mais une harmonie de
courbes...

— Parbleu !... sans ça !... Je ne suis pas une
bête et je sais ce que c'est qu'une âme. Je sais
qu'une âme ne peut pas se coucher dans des lits,
ni se mirer dans des glaces, ni s'asseoir dans des
chaises, ni faire pipi dans des pots. Non, elle
fait tout cela dans des courbes, c'est connu. Seulement, pourrais-tu me dire pourquoi à ces âmes,
c'est-à-dire des êtres fluides, impondérables, il
leur faut des meubles qui pèsent trois mille kilos ?
Car enfin, ces chaises sur quoi doivent se repo-
ser des derrières spécialement aériens, je défie
bien au déménageur le plus athlétiquement
musclé de les soulever tout seul, et quels crics,
quelles poulies, quelles grues seraient assez
puissantes pour déplacer cette armoire où l'Ame
— je la vois d'ici, — range les halos de lumière
qui lui servent de chapeaux, et les écharpes de
nuées qui lui tiennent lieu de chemise ?

— Que veux-tu ! C'est le mystère des courbes...

— Tout de même, ces bougres d'artistes de
l'âme, quand ils se trouvent en présence de

la matière à travailler, crois-tu qu'ils savent lui marquer leur mépris? Eh! ils l'arrangent, la matière! Ils l'arrangent! Ils ont vite fait de l'envoyer cou...rber!

— Tu n'es pas juste pour Maurice Denis. Il a des dons charmants d'arrangements, il est souvent ingénieux. Enfin, c'est un artiste.

— Tiens, je suis allé, l'autre jour, chez ce brave Tollard. Il y a là des dessins de Maurice Denis, des dessins sans prétention au symbolisme, ni aux courbes, ni aux angles, ni aux parallélogrammes.., des dessins, quoi! qui ne veulent mystifier personne. Eh! bien, non. Un enfant de huit ans ne serait pas si gauche et en saurait davantage. C'est navrant!

— La naïveté, quoi de plus délicieux en art?

— Mais ce n'est pas de la naïveté. C'est de la parfaite ignorance. Quant à ses arrangements, comme tu dis... Ah! mon pauvre vieux! quelqu'un qui, à dix-sept ans, savait déjà ce qu'il faut éliminer dans une œuvre d'art! eh! bien, moi, qu'est-ce que tu veux, je trouve cela terrible! Commencer par où les vieux maîtres finissent, n'avoir jamais, jamais entendu gronder en soi les galops de la fièvre, le tumulte des imaginations! N'avoir pas senti, une seule minute, que l'on est tout petit, tout petit, tout bête, tout bête, devant les beautés immortellement écrasantes de la nature! Ne pas comprendre qu'il y a autour de soi de la vie, de la vie vivante, de la vie inépuisable qui contient toutes les formes, toutes les poésies, toutes les harmonies! Et se dire un artiste! Etre artiste comme ça, parbleu! ce n'est pas difficile. C'est un petit tour de main à prendre. Et allez donc!... De la peinture comme celle de Maurice Denis, mais j'en ferais des kilomètres par jour! Qu'on me donne la tour Eiffel à décorer... En quinze jours, je l'aurai couverte d'âmes délicieusement arrangées, et de courbes harmonieuses, et de parallélismes convergents, et de spires quadrangulaires. C'est comme Emile Bernard, dont tu me diras qu'il est divinement doué, aussi, celui-là! Alors, pourquoi va-t-il copier, sur les frises du palais Kmers, sur les moulages des antiques monuments d'Ankor, ces têtes camuses de guerriers et de bayadères pour en faire des christs cambodgiens et des vierges du Haut-Mékong! Non, pour cela, c'est de la mystification! Et ils nous croient par trop imbéciles, vraiment.

Il s'animait. Je retrouvais sur sa physionomie les grimaces d'autrefois, les tics nerveux où, si douloureusement, s'accusait son amère souffrance d'être un raté.

— Allons à la Bodinière! dit-il en s'interrompant dans sa tirade.

Mais je prétextai le beau temps, la rue charmante, le ciel avec son soleil brumeux, toute la joie de ce printemps hâtif.

— Après tout, tu as raison, reprit Kariste.

Nous serions bien bêtes de nous enfermer quand
il fait si bon marcher, et de nous exaspérer devant
quoi?... devant des âmes, quand nous avons le
spectacle de la vie. Et puis, je les connais, les
artistes de l'âme! Ce sont des gaillards qui font
des femmes trop grandes et des arbres trop petits.
Dès que tu aperçois, quelque part, un tableau
sur lequel une femme sans gorge, sans hanches,
sans derrière, sans cuisses, dépasse de vingt cou-
dées les plus immenses chênes et les pins les plus
géants, tu peux te dire avec certitude qu'il est
d'un artiste de l'âme. Pour ces braves gens, l'âme
consiste à n'être qu'un échalas, avec, par-ci, par-
là, un lys, un iris et un pavot. Quelquefois, elle
tient une lyre à la main, ou une palme, et ses
yeux sont cernés, meurtris, comme si elle avait
passé la nuit avec un fort de la Halle. Quand on
m'expliquait Burne-Jones autrefois, on me disait:
« Remarquez, je vous prie, la qualité de la meur-
trissure des yeux: elle est unique en art. On ne
peut pas savoir si elle vient de l'onanisme, du
saphisme, de l'amour naturel ou de la tubercu-
lose. Tout est là! » Ah! les idiots! Et dire
qu'ils ne seraient pas même capables de faire le
raccourci du chapeau de Murat ni de dessiner de
face un casque de dragon, comme moi, sur mes
boîtes d'allumettes!

— Mais pourquoi t'irriter ainsi? Qu'ils dessi-
nent des femmes trop longues, après tout, ce n'est
pas un crime. Ils font ce qu'ils peuvent, et ce sont

tout de même de braves gens. Qu'est-ce que cela te fait, à toi?

Kariste eut, en posant les yeux sur les miens, un regard sinistre. La haine y flambait comme une torche dans la nuit sous un grand vent.

— Ce que cela me fait, bégaya-t-il, la voix étranglée... ce que cela... nom de Dieu!... mais tu ne sais donc pas que...

Il m'empoigna par le bras et me poussa sur une terrasse de café.

— Allons prendre un bock... fit-il... L'esthétique m'étouffe et j'ai toutes leurs tonnerres de Dieu d'âmes dans la gorge.

Ainsi finissaient, jadis, nos discussions. Le pauvre Kariste n'avait guère changé. Sous son habit de bourgeois, il avait conservé son âme forcenée de bohème en qui jamais n'éclorait la petite fleur de création...

(Le Journal, 23 février 1896.)

POINTS DE VUE

J'ramasse l'crottin des ch'vaux d'bois.
(Chanson populaire.)

— Mais enfin, demandai-je à M. Charles Formentin, vous êtes bien conservateur de musée? Ça n'est pas une blague?

— Certes... et du musée Galliera, si j'ose dire.

— Conservateur du musée Galliera, soit! Mais il n'y a rien, au musée Galliera. Vous êtes conservateur d'un musée où il n'y a rien. Alors, qu'est-ce que vous conservez?

— Comment, ce que je conserve?

— Oui. Une fois pour toutes, avouez-le. Car tout le monde l'ignore. Et, chaque fois que je passe devant cet étrange musée, cela m'agace de toujours me poser cette question et de n'y jamais répondre.

— Mais, cher monsieur, je conserve... je conserve... ma place.

— Ce n'est pas un objet de musée... C'est un jeu de mots que vous me dites là.

— C'est que je suis aussi chroniqueur! me confia, avec un sourire satisfait, M. Charles Formentin. Je conserve et je chronique! Je chronique et je conserve. Je conserve trois pots de faïence... d'une antiquité douteuse, un huilier en argent... et une tapisserie de Beauvais. Quand je dis de Beauvais, entre nous, vous savez, elle n'est pas de Beauvais, cette tapisserie. Elle est, je crois, italienne, ou peut-être persane. Mais moi, je n'admets pas que les tapisseries soient italiennes, ou scandinaves, ou russes. Là-dessus, je suis intraitable. Toutes les tapisseries doivent être françaises ! Si elles ne le sont pas, tant pis pour elles : je les baptise, je les sacre... je leur donne la naturalisation française. Et allez donc ! assez d'Ibsen, cher monsieur, assez de Tolstoï et de d'Annunzio! et place aux vrais Français de France ! Il n'est que temps !

— Pourquoi, objectai-je, avez-vous, pour votre tapisserie, choisi Beauvais de préférence aux Gobelins, par exemple?

— Je vais vous dire. Beauvais rime à Français... Écoutez :

> Ta, ta ta ta ta ta, ta ta ta ta Beauvais,
> Ta ta ta ta ta ta, dans tous les cœurs français !.

C'est plus harmonieux. Quant au mot Gobelin,

il a une vilaine désinence italienne. Gobelin...
Gibelin... Je déteste l'équivoque. Je veux que
mon patriotisme soit limpide. De la clarté, voyez-
vous! Il me faut de la clarté... de la clarté française! Plus de brouillards, de neige... d'obscurité
polaire!... Le soleil de France, partout!

Et M. Charles Formentin fit un grand geste
qui embrassait le monde.

— Ces idées vous honorent, cher monsieur Formentin, encore que, tout de même, il n'y ait rien
dans votre musée. Ah! ah!

Cette insistance était visiblement désagréable
à M. Charles Formentin qui répliqua, non sans
une pointe d'aigreur :

— Mon musée n'est pas un musée comme
tous les autres musées... c'est même le contraire
d'un musée, si une telle chose peut se concevoir. C'est, comment dirai-je? un musée éventuel et problématique, un musée expectant, si ce
n'est pas une façon exagérément ibsénienne de
parler. Parfaitement, le problématisme, tel est
le caractère de mon musée; l'expectative, telle
doit en être la destination. Comprenez-vous?
Remarquez, d'ailleurs, même dans le sinécurat,
combien mon cas s'atteste curieux et unique. Je
suis l'actuel conservateur d'un musée futur, en
autres termes, le vigilant et officiel gardien de
choses qui n'existent pas. Vraiment, ma situation a quelque chose d'irréel et de fantastique.
Vous connaissez, sans doute, l'anecdote classique

du factionnaire et du gymnase? Eh, bien, je
suis ce factionnaire, et mon musée ce gymnase.
Avouez que ce n'est pas banal, et qu'on pourrait
aller loin en Norvège avant de rencontrer mon
pareil! Et puis, il n'est pas tout à fait exact
d'affirmer qu'il n'y a rien dans mon musée,
puisque je possède une tapisserie italienne de
Beauvais, un huilier en argent, trois pots de
faïence, et que j'attends dans quelques jours
deux salières Empire, un trombone Renaissance
et je ne sais plus quoi encore. Ajoutez — et
ceci est un secret très parisien que je vous confie
et que je vous prie de garder pour vous, — que,
par testament, j'ai légué à mon musée le manus-
crit recopié de toutes mes anciennes interviews
et les insignes de ma Légion d'honneur. Ceci
est décisif, je pense.

M. Charles Formentin jouit, durant quelques
secondes, de mon ahurissement, et, simple,
bonhomme, avec des gaietés ingénues d'abbé,
il poursuivit :

— Voulez-vous que je vous dise le mot de
l'énigme? Eh! bien, voici... On m'a nommé
conservateur de musée pour me donner une
compétence artistique que je n'avais pas, que je
n'aurais jamais eue sans cela. J'étais reporter,
vous vous souvenez. J'allais, de droite et de
gauche, interviewer les gens sur n'importe quoi.
Et, mon Dieu, ça n'était guère intéressant! Que
de fois j'ai fait le voyage de Médan! En ai-je

prêté à Zola, de drôles de conversations! Je ris, quand j'y pense, car ce n'est pas sur son œuvre qu'on juge Zola, c'est le plus souvent sur les propos que, fort gratuitement, je lui attribuais. Non par rouerie, — je suis un brave homme, — mais par manque de mémoire, et à cause surtout de la difficulté que j'eus toujours de relier ensemble deux idées... même deux idées des autres.

— Vous vous calomniez, cher monsieur! protestai-je.

— Non, non... jamais je n'ai pu relier ensemble deux idées! insista M. Charles Formentin avec une humilité charmante. Sans cela, voyons, m'eût-on nommé conservateur d'un musée qui n'existe pas? Je reprends mon récit... Là-dessus, — sans que j'y fusse désigné plus que Pierre et Paul, par une préférence, une passion, un goût, — on me bombarde conservateur du musée Galliera.

— Galliera! Un nom bien français! interrompis-je.

. — Bien français! approuva M. Charles Formentin. Sans cela!... Vous connaissez mes principes. On me bombarde donc conservateur du musée Galliera! Admirons ensemble, je vous prie, le mystère des choses! Du soir au lendemain, je deviens compétent dans toutes les questions d'art, et non seulement compétent, mais, en quelque sorte, spécialiste. En art,

aujourd'hui, il ne se fait rien sans moi. Je suis
de toutes les fêtes, de tous les comités, de toutes
les commissions. J'épate Roujon et j'enfielle
Bernheim. Je taille, rogne, tranche dans les
œuvres d'art avec une remarquable spontanéité.
Plus répandu que Dayot, plus actif que Roger
Marx, je suis partout à la fois, avec des idées
arrêtées sur la peinture, la sculpture, la gravure,
l'architecture. Roger Ballu ne me voit pas sans
inquiétude m'immiscer en des choses où tous les
deux, également, nous n'entendons rien... rien...
rien. J'immortalise Corot et Mounet-Sully! Maintenant, j'ai une autorité indiscutable!... indiscutable! Mon ignorance a reçu — du fait de ce
musée où il n'y a rien, — une consécration officielle et supérieure. Enfin — et retenez bien ceci,
— je suis celui qui embête Goncourt!

Mais, tout d'un coup, s'interrompant, il regarda
l'heure à sa montre.

— Sapristi! dit-il, il faut que je vous quitte.
J'ai une commission à présider, la commission
des peintres rétrospectifs contemporains.

Et, me serrant la main, il répéta :

— Rappelez-vous bien ceci... Je suis celui qui
embête Goncourt.

Puis, il disparut à travers la foule, vers des
esthétiques indéfinies...

(Le Journal, 14 juin 1896.)

UN TABLEAU PAR LA FENÊTRE !

Nous avons donc, enfin, un faux Millet au
Louvre !

De quoi nous sommes doublement fiers, car ce
précieux cadeau nous le devons à l'initiative de
M. Georges Lafenestre, qui est un conservateur
éminent et un exquis écrivain. C'est du moins en
ces termes flatteurs et ironiquement appropriés à
la circonstance que M. Arsène Alexandre console
M. Georges Lafenestre de cette fâcheuse aventure.

Nous le devons aussi, j'aime à le croire, à la
commission supérieure des musées, étrange ins-
titution qui se compose d'amiraux, de généraux,
de colonels, de vieux capitaines d'habillement
et de divers autres braves fonctionnaires assez
inattendus, disons-le, et sans l'autorité de qui
rien ne se doit acheter — aussi bien le faux que
le vrai, lesquels, d'ailleurs, s'équilibrent toujours, celui-ci plaidant pour celui-là, ainsi qu'on

sait. O joies, ô sublimes ivresses de l'art !

Il y a donc toutes les garanties officielles et nationales requises pour que ce Millet du Louvre soit aussi faux qu'il est possible à un Millet d'être faux, et même à n'importe quel autre tableau acheté par M. Georges Lafenestre, avec l'approbation corroboratoire et consécutive de nos seigneurs les membres de la commission supérieure des musées.

Malheureusement, en dépit de ces sérieuses garanties, il n'est pas absolument prouvé qu'il soit faux, ce Millet, car si M. Georges Lafenestre dit : « Non, il ne l'est pas ! », les meilleurs experts et les plus sagaces amateurs viennent qui déclarent à leur tour : « Oui, il l'est. » Or, cette dénégation ne saurait me convaincre du bien-fondé de ces affirmations, — et réciproquement, — attendu que je me méfie des meilleurs experts et des plus sagaces amateurs autant que des éminents conservateurs, fussent-ils, par surcroît, les plus exquis écrivains du monde. Et mon esprit connaîtra les rudes angoisses du doute tant que je n'aurai pas, sur ce grave débat, l'opinion de M. Chauchard lui-même, l'homme de France qui se connaît le mieux en toile, et à qui ces questions de Louvre, les plus vastes du monde, sont vraiment les plus familières aujourd'hui.

En attendant que la chose soit décidée d'une façon ou de l'autre, il y a de quoi rire un peu. Rions donc !

**

Le faux Millet a, durant quelques jours, subi
des phases critiques véritablement extraordinaires. Jamais, je crois, un tableau ne dégringola
avec une telle rapidité, des sommets où reposent
les chefs-d'œuvre, dans les bas-fonds bourbeux
où la justice des experts précipite les contrefa-
çons.

Dès qu'il eut connaissance que ce Millet, qu'il
avait acheté au rabais, pouvait bien être un faux
Millet, et même un vrai, vous pensez si M. Georges Lafenestre fut vexé. Mais ces affaires-là sont
fort embrouillées. A vrai dire, personne ne s'y
reconnaît et tout le monde peut en sortir en son
honneur avec un peu d'habileté et de crânerie.
On a même vu ceci : un tableau notoirement
faux consacré comme définitivement authentique
à la suite d'une brutale contestation. Quand les
experts se mettent dans une œuvre d'art, on ne
peut pas savoir ce qu'il en résultera. Ces gens-là
sont des personnages de féerie ; ils ont le don
des changements à vue. Telle toile qui jusque-là
passait, sans gêner personne, pour être de Gains-
borough, par exemple, se trouve tout à coup
transformée en Jacques-Emile Blanche sans qu'on
sache pourquoi. Je pourrais multiplier les exemples. A quoi bon ?

En homme qui n'ignore point ces phénomènes
et la façon de les combattre ou de s'en servir selon

les circonstances, M. Georges Lafenestre opposa
donc tout d'abord aux accusations vagues sa compétence artistique bien connue et, dans le style
exquis qui le caractérise, du haut de cette pro-
verbiale éminence-où piédestalisent ses mérites,
il déclara que ce tableau de Millet était un des
plus puissants tableaux de Millet, « un pur
chef-d'œuvre », que ça se voyait bien, et qu'ils
en répondaient, lui, Georges Lafenestre, éminent
conservateur du Louvre, et eux, les vieux capitaines d'habillement de la commission supérieure
des musées.

S'il eût persisté dans cette attitude, le tableau
de Millet eût, lui aussi, persisté dans la sienne,
et rien n'eût été changé dans l'harmonie des catalogues. Par malheur, M. Georges Lafenestre,
troublé, croyant peut-être aux réalités d'une responsabilité artistique dont personne ne lui
demandait à établir les comptes, commit l'incompréhensible et irréparable faute de faire quelques concessions aux experts. Il pensait les ama-
douer, il ne fit que de les déchaîner.

Les accusations semblant se préciser, il con-
descendit — avec quelle fatale imprudence! — à
lâcher son Millet, non comme Millet, mais
comme chef-d'œuvre de Millet, et il expliqua —
ah! n'expliquez jamais! — que si ce Millet n'était
pas absolument le chef-d'œuvre de Millet, cela
tenait à ce que ce Millet n'était pas, de toute évidence, un Millet de la « bonne époque », mais

un Millet « de l'époque de tâtonnement ». Il y a
un moment critique dans leur vie où tous les
peintres tâtonnent, où ils ne savent pas ce qu'ils
font, où ils vont et s'ils vont quelque part. Millet
avait, lui aussi, connu ce dangereux moment de
désorièntation, le tableau du Louvre en était la
preuve. Alors, pouvait-on, en toute justice,
demander à un Millet « de l'époque de tâtonnement » d'être ce qu'est un Millet « de la bonne
époque » ? Non, on ne le pouvait pas.

Une fois sur cette pente, la glissade est rapide.
Les contestations affluèrent de toutes parts et se
firent non plus insinuantes et perfides, mais caté-
goriques et nettement accablantes. M. Georges
Lafenestre perdit la tête et, de concessions en
concessions, il finit par avouer que son Millet
était, en effet, un affreux Millet, « une croûte in-
déniable », qu'il le savait mieux que personne
puisqu'il l'avait achetée comme telle.

— Pourquoi achetez-vous des croûtes ? lui
objecta-t-on sévèrement.

— Le difficile, répondit M. Georges Lafenestre,
de plus en plus troublé, n'est pas d'acheter des
œuvres véridiques et belles ; c'est, au contraire,
d'en acheter de fausses et de laides. Ainsi, tenez,
les cartons de Raphaël, que le musée de Kensington possède, eh! bien, le Louvre pouvait autre-

fois les acheter pour presque rien. On était venu
les lui offrir... il n'y avait qu'à les prendre en
échange de quelques billets de mille francs. Il
s'en garda bien, parce que c'étaient, indubitable-
ment, des œuvres sublimes et d'une indiscutable authenticité. Quel mérite à cela, je vous
prie ?

Et il professa :

— Un musée est un musée. J'entends par là
qu'un musée doit rechercher de préférence des
œuvres ratées et qui ne signifient rien. Sa vraie
mission consiste à ne montrer au public que des
croûtes... d'indéfectibles croûtes. C'est par là que
le public s'initie à la connaissance du chef-
d'œuvre et au mystère de l'art. Ces croûtes sont
pour lui une merveilleuse éducation. C'est, si
j'ose dire, comme un voile levé, lentement, sur
ce mystère. S'il ne regarde jamais que de belles
choses, quelle idée spéciale voulez-vous qu'il se
fasse de la beauté? La beauté est une chose
relative et qui n'existe pas en soi. Je la définis
ainsi : le contraire est la laideur. Et rien n'est
plus juste. Ainsi, tenez, je suppose, voici une
belle femme. Pourquoi la dites-vous, pourquoi la
sentez-vous belle? Parce qu'elle est belle? Erreur.
Parce que, tout à l'heure, vous avez remarqué à
côté d'elle une femme laide. Vous n'êtes arrivé
à la notion de cette beauté que par le chemin de
cette laideur. Ce que je vous dis est rigoureuse-
ment scientifique. Eh! bien, il en est des ta-

bleaux comme des femmes; ils ont besoin de ce
que, familièrement, vous appelez des repoussoirs. Ce sont les vilains tableaux qui font valoir
les bons. Et plus les vilains sont vilains, et plus
les bons sont bons. Aussi, ne suis-je pas exclusif,
comme on le croit généralement. J'admets que,
dans un musée, il y ait, par ci, par là, quelques
bonnes toiles. L'important est qu'il y en ait beaucoup de mauvaises.

Revenant à son Millet du Louvre, M. Lafenestre
ajouta :

— En ce qui concerne ce tableau, je ne puis
concevoir qu'on ose discuter son authenticité.
Mais, monsieur, son infériorité elle-même est une
preuve éclatante de son origine. Je ne m'y suis
pas trompé, moi, en l'achetant. Il n'y avait pas
à douter un seul instant qu'il fût de Millet,
attendu que, s'il n'avait pas été de Millet, s'il
avait été de n'importe qui, il eût été bien meilleur
qu'il n'est. Pourquoi voulez-vous que des faus-
saires exécutent des mauvais tableaux ? Ils en
font toujours d'excellents. Et il n'y a pas apparence qu'on puisse rencontrer quelque part un
aussi absolument mauvais tableau que celui-là.

L'*Angelus*, peut-être? D'abord, l'*Angelus* est
faux, archifaux. Je veux dire qu'il n'est pas de
Millet, ou plutôt qu'il n'est plus de Millet... qu'il
est de tout le monde, car le diable seul sait de
qui il est aujourd'hui ! A force d'avoir été réparé
par celui-ci, maquillé par celui-là, rentoilé par

cet autre, — car il fut longtemps bien malade, et
sa peinture s'écaillait, tombait par petites plaques
farineuses, exfoliatrices, comme une peau d'eczé-
mateux, — on pourrait compter les coups de
pinceau du vieux maître, et le compte en serait
vite fait, croyez-moi. Hé quoi! c'est ce tableau
sur qui s'exerça la patience de tant de retapeurs
en vieux neuf, ce tableau qui, ironie merveilleuse!
durant la vente Secrétan, ne fut plus un tableau,
mais l'incarnation même de la patrie! C'est ce
tableau, fait de pièces et de morceaux, de re-
prises et de rebouchages, qu'on ose opposer au
mien pour en contester l'origine! La chose est
forte! Ah! laissez-moi rire, je vous prie! Et
admirons ensemble, voulez-vous? le patriotisme
millionnaire de M. Chauchard!

L'affaire en est là, aujourd'hui. Ce Millet est-il
de Millet, ou bien est-il d'un autre, de quelqu'un,
ou de personne? On ne le sait pas encore.

Mais ne croyez pas que j'ai inventé quelque
chose dans ce récit. Je n'ai fait que résumer, en
les commentant, les déclarations que M. Georges
Lafenestre voulut bien confier à un rédacteur du
Journal, lequel les consigna, avec une bienveil-
lance amusée, dans sa feuille.

(*Le Gaulois*, 22 septembre 1896.)

BOTTICELLI PROTESTE!...

I

C'était dans un très vieux cimetière, devenu un merveilleux jardin. Rien n'y parlait plus de la mort. Tout y chantait, y célébrait la vie, une vie édénique et désordonnée qui montait du sol engraissé où tant de charognes humaines, tant de pourritures accumulées entretenaient d'inépuisables réserves de fécondité et, sans cesse, activaient le mystérieux travail des résurrections organiques. La terre était douce, moelleuse et chaude aux pieds comme un tapis, et son odeur puissante, phosphorique, comme celle de la chair en amour.

Et je marchais parmi des roses et des roses; des roses blanches, des roses jaunes, des roses orangées, des roses rouges, des roses étrangement noires; des roses qui rampaient sur le sol, qui grimpaient aux stèles de pierre, aux colonnes de marbre; des roses qui retombaient du haut des calvaires de bronze, du haut des vieux arbres morts d'avoir été étouffés par leurs enlacements.

Par-delà ces roses et ces roses, l'atmosphère pulvérulente s'étoilait à l'infini de clématites vagabondes et de voltigeantes atragènes et, très loin, très loin, au-dessus des arundes argentées, des bambous noirs et des hibiscus aux coupes pleines de sang, les ipomées et les lophospermes, dessinant des guirlandes, des arceaux, des ogives, des rosaces, agitaient doucement leurs clochettes blanches, mauves et pourprées. Dans les intervalles de ces ruissellements de roses, de ces retombées, de ces cascades, de ces cataractes de roses, entre les bambous, les arundes et les hibiscus, sur les fonds aériens, fleuris de clématites et d'ipomées, d'énormes hélianthes tournoyaient, les uns tout jaunes, pareils à des astres fous, les autres, œil vert et longs pétales fourchus, pareils à des oiseaux mythiques, qui se crétaient de colère. Et l'on sentait que ce jardin merveilleux ne devait pas finir et qu'il emplissait, de son immensité florale, toute la terre.

Depuis cinq jours que je marchais dans ce très vieux cimetière, devenu ce merveilleux jardin, où les tombes, les caveaux, les statues, les colonnades et les croix disparaissaient sous l'envahissement joyeux des roses, je n'y avais rencontré d'autres êtres vivants que des scarabées au corselet d'étincelant métal et des chenilles velues, roulées au cœur des roses ainsi que des chats qui, boules soyeuses, dorment voluptueusement, enfoncés en leurs coussins de satin.

Nulle part, nulle trace par quoi se révélât à moi
la présence coutumière ou même le passage
fortuit d'aucun être humain. Dans les sentiers
où je cheminais, grisé par l'odeur des terreaux et
des pollens, pas un petit gramen, pas une drave
sauvage n'avaient été foulés ; et, sur les branches
balancées des rosiers, les oiseaux, confiants, sans
peur, me regardaient passer, ignorant ce que
c'est que l'homme, ce que c'est que l'horreur
d'être un homme.

Tout à coup, au détour d'un sentier, dans une
allée infinie, sur un banc de pierre immémo-
rialement moussue, j'aperçus un homme assis,
et qui semblait bien triste et bien las. D'où venait-
il? D'où venais-je moi-même? Et quelle étoile
magique nous avait conduits vers ce jardin?
Hélas! je n'en savais rien. Caché derrière une
touffe de roses, je l'examinai. Sans doute, il
n'appartenait point à notre pays, ni même à notre
temps, car il était vêtu d'un pourpoint de
velours groseille très fané, et d'un grand manteau
brun, troué en dentelle par d'industrieuses mites.
Ses chausses n'étaient plus que des vrilles molles.
Une toque, en forme de cône tronqué, s'affaissait
sur sa chevelure longue, plate et toute blanche.
Et son visage avait ce recul de lividité brouillée,
cette pâleur de lointain lunaire qu'ont les visages
probables des fantômes. De la pointe de son bâton
il dessinait, sur l'herbe, de vagues images que la
brise aussitôt effaçait.

Je ne m'étonnai pas plus de la présence de cet homme que de la mienne en ce jardin dont il était, peut-être, après tout, le séculaire et vénérable gardien. Mais non, il était bien trop fatigué et trop maigre pour être le gardien de quelque chose, et ses souliers de peau fauve, crevés, éculés, disaient qu'il arrivait de loin et qu'il avait beaucoup marché.

Comme je m'approchais du banc, l'inconnu, m'entendant venir, leva sur moi un regard timide et suppliant, un regard où il y avait tant de douleur que, pris d'une pitié soudaine, je m'assis près de lui, et que je lui demandai :

— Tu sembles bien malheureux?

— Hélas! répondit-il. On ne peut pas s'en douter !

— Puis-je quelque chose pour toi?

— Je ne sais pas..! je ne sais pas. Je ne sais plus rien!

Sa voix était très faible, un peu sifflante. Je lui demandai encore :

— As-tu soif? Je connais l'endroit où sont les fontaines. Elles ont le goût des roses qui se reflètent dans la pureté de leur eau. Veux-tu que je t'y mène?

— Non, ce n'est pas cela. Je n'ai pas soif. Du moins, je n'ai pas soif de ce que tu penses.

— Tu es étrange!

— Je suis méfiant. Et ce n'est pas ma faute! Si tu savais !

— Parle donc... parle sans crainte. Qui que tu sois, je suis ton ami.

— Mon ami! Comment peux-tu dire cela, puisque tu ne me connais pas?

— Je suis l'ami de la douleur qui pleure en tes yeux!

J'avais prononcé ces mots avec une emphase rythmique comme si j'eusse récité des vers. L'étranger secoua la tête tristement et il dit d'une voix de calme reproche :

— Littérature! Littérature! Toujours de la littérature!

Un silence de quelques minutes s'établit entre nous. Sous les roses on entendait battre le pouls de la terre. Les grands soleils nous fixaient de leur œil vert comme des idoles au masque d'or. Et c'était, autour de nous, des cliquetis d'anthères, des ronflements d'élytres. Je regardai des nécrophores qui, près de moi, dans l'herbe, convoyaient le cadavre d'une musaraigne et je me sentis vexé de ce que ce bizarre et pourtant sympathique inconnu pût douter du tendre et généreux apitoiement qui m'avait poussé vers lui. Je me levai, et sèchement :

— Puisque tu ne veux rien de moi, déclarai-je, puisque tu me prends pour je ne sais qui, il faut donc que je te laisse. Adieu!

— Oh! ne te fâche pas! répliqua vivement le vieillard en me retenant par la main. Si mes paroles t'ont blessé, oublie-les. Tu ne peux pas savoir! Et maintenant, veux-tu me remettre dans ma route, car je me suis égaré en ce prodigieux jardin?

— Où vas-tu?

— Je ne sais pas, et vraiment, il n'importe guère, pourvu que j'aille quelque part. Je vais devant moi, jusqu'à ce que j'aie rencontré quelqu'un à qui je puisse parler et qui veuille bien m'entendre, mais il n'y a personne. J'ai marché, j'ai marché, mais il n'y a personne. Il n'y a que des roses. Il faut pourtant que je parle à quelqu'un, car, vois-tu, j'en ai trop gros sur le cœur! Ah! oui! j'en ai trop gros sur le cœur!

— Qui donc es-tu?

— Et toi-même?

— Soit! Je veux bien te le dire. Interroge-moi.

— Es-tu Gabriel Mourey?

— Non!

— Ou de Barc de Boutteville?

— Non plus!

— Ou le jeune M. Monier de la Sizeranne?

— Pas davantage.

— Serais-tu le prince de Polignac?

— Oh! oh!

— Camille Mauclair, peut-être?

— Je n'ai point tant de génie!

— As-tu fait des œuvres de Ruskin ton livre de prières?

— Non, certes! Je ne sais pas l'anglais.

— Alors, tu es abonné à la Bodinière?

— Non, non. Ah! dieux! non.

— Couches-tu dans les lits de Maurice Denis?

— Horreur!

— Tes amies s'habillent-elles des mourantes
étoffes de Liberty, et se font-elles faire leur
portrait par Burne-Jones? sont-elles impollues et
démoniaques? liliales et putains?

— Pourquoi les insultes-tu?

— Tes amours sont-elles insexuelles, ou uni-
sexuelles, ou animosexuelles?

— Voyons!

— Vas-tu chez les trois princesses Onane,
Onanine, Onaninetta?

— Elles m'assomment. Et elles sont trop
maigres!

— Es-tu un esthète? un intellectuel? un ura-
niste? un larviste? un déformateur? un satanique? un inassouvi? une âme enfin? es-tu une
âme?

— Grâce! grâce!

Et l'étranger, ayant fini de m'interroger,
conclut en m'adressant un pâle sourire :

— Allons! Tu commences à me rassurer. Et
je crois bien maintenant que tu es mon ami!

Sur son invitation cordiale je consentis à me
rasseoir sur le banc près de lui, et je lui
demandai :

— Et toi, qui sais si bien ce que je suis, ne me
diras-tu pas, à ton tour, qui tu es?

Alors, baissant les yeux, et d'une voix très basse, comme s'il allait me faire l'aveu d'un crime ou d'une chose honteuse, le vieux homme balbutia :

— Je suis... Ne l'as-tu donc pas deviné? Et pourquoi faut-il que tu me condamnes à cette confession pénible? Je suis... Sandro Botticelli!

— Le divin Sandro! m'écriai-je, enthousiaste, et me disposant à m'agenouiller devant le dieu, selon les rites de l'extase adorante. O troublante et sphinxiale surprise!

Mais il me calma, et sur un ton de très doux et de très affectueux reproche :

— Là! tu vois bien! fit-il. Et tu n'es pas le sage que tu te vantais d'être. Dès que tu entends prononcer mon nom, tu t'agites, tu t'agites; ton âme devient compliquée et mysté-rieuse et indiciblement perverse, comme l'âme de M. Armand Point. J'attendais mieux de toi.

Et il ajouta, d'une voix suppliante :

— Oh! je t'en prie! je t'en prie! ne m'appelle plus Sandro tout court, et, surtout, ne me dis pas, avec une bouche en cul de poule, que je suis le divin Sandro. Si tu es vraiment mon ami, — et je le veux croire, — ne recommence pas toutes ces folies d'adoration qui me ridiculisent à jamais et me rendent si malheureux dans la mort, plus malheureux, je te le jure, qu'aux temps, — ô rafraîchissants souvenirs! — oui, qu'aux temps où, vivant, je faillis mourir de

trop de misère et de trop de faim! Et, puisque
tu as été si bon pour moi, déjà, veux-tu être ce
quelqu'un que je cherche et à qui je désirerais
tant dire, — ah! dire tout ce que j'ai là, sur le
cœur? Car on a fait de mon nom un étrange et
criminel abus... Cela ne peut plus durer ainsi.
et il faut enfin que je proteste, une fois pour
toutes, contre cette torture qu'est ma gloire, et
cette permanente affaire qu'est mon immortalité.

— Et il n'est que temps! appuyai-je viri-
lement. Allons, parle, ombre admirable. Je
t'écoute.

II

Botticelli ramena sur ses chausses en vrille
les pans troués de son manteau, et voici comment il parla :

— J'ai conscience que je fus un brave homme
et un brave artiste, que j'honorai mon métier
par mes talents et vertus professionnels, et que,
durant toute mon existence, je n'eus véritablement qu'un culte, qu'une passion : l'amour de la
nature et de la vie. Je fis de mon mieux pour en
exprimer les immortelles beautés, à ma façon qui
était de les peindre, — et de les peindre comme
je les avais plastiquement senties. Cette passion,
— unique source de l'art, en dehors de quoi
tout est mensonge et stérilité, — j'ai la fierté de
pouvoir dire qu'elle ne me quitta pas une minute
depuis le jour où, très jeune, je fus admis aux

leçons de Filippo Lippi, mon maître admirable, jusqu'à celui où, vieillard de soixante-huit ans, je mourus, ayant acquis une notoriété normale que je pouvais avouer et l'amitié de Laurent de Médicis, un bougre qui s'y connaissait, je t'assure, et à qui M. Maurice Pujo n'eût pu faire la blague des peintres de l'âme. Ça, je t'en réponds. De mon temps, on était tout de même un peu moins *mufle* qu'on ne l'est du tien, et nous ne nous laissions pas prendre à tant de mystification! Quant à moi, je ne fus ni un compliqué, ni un chercheur d'étoiles biscornues, ni un coupeur de lys en quatre, ni un montreur d'âmes à deux têtes et d'intellectualités à six pattes, et j'ignorai totalement ce que c'est que les théories.

— Tu le sais, aujourd'hui! interrompis-je.

— Hélas! soupira le vieux maître en levant les yeux vers le ciel, d'un air accablé, je les connais toutes, même celles de M. Ivanhoë Rambosson, que n'avait point prévu Walter Scott. Les théories, vois-tu, c'est la mort de l'art, parce que c'en est l'impuissance avérée. Quand on se sent incapable de créer selon les lois de la nature et le sens de la vie, il faut bien se donner l'illusion des prétextes et rechercher des excuses. Alors, on invente des théories, des techniques, des écoles, des rythmes. On est mystique, mystico-larviste, mystico-vermicelliste... est-ce que je sais? Les uns professent que l'art doit être

mystico-hyperconique et kabbalo-spiroïdal, les
autres qu'il doit s'affirmer hautement octogone et
carrément ellipsoïde. Pour exprimer les âmes
et les intellectualités que je t'ai dites, on
enseigne qu'il faut mettre le ventre à la place
des omoplates, les bras à la place des jambes, et
la tête nulle part; des croupes on fait des ailes,
des ailes des chevelures, des chevelures des ciels
d'orages ou des arbres de rêve, et tout cela ressemble à des paquets de macaroni qui péram-
bulent à travers la marmelade de l'espace.
Tiens! l'autre jour, un peintre mourut. Il était
de Montmartre. Par erreur, on le conduisit chez
nous. Aussitôt, il demanda un bock et se mit à
pérorer. Il expliqua que la peinture était l'art
des embryogénies, que ce qu'elle devait exprimer,
ce n'était pas même la cellule ni le sperma-
tozoaire, qui sont des organismes complets, mais
le protoplasma. Lui, il exprimait le protoplasma
de la façon suivante : sur un fond bleu, d'un
bleu de limbes, il traçait, en tous les sens, des
trajectoires jaunes avec un nucléus au bout.
Et l'avantage était, disait-il, que cela figurait
aussi bien, pour ceux qui ne comprennent pas,
une nuit d'étoiles, un champ de blé sous la brise,
ou le bombardement d'une ville, ou la courbe
d'une fièvre typhoïde dans un ouvrage de
médecine.

— Folies! Folies! Folies! criai-je.

— Non, mon ami, ils ne sont point fous, je

t'assure. Ils ne savent pas. Ils ne savent rien, voilà la vérité. Ils singent la folie parce qu'ils pensent qu'il est plus noble de passer pour fou que pour ignorant. Mais ils ne sont pas fous, crois-le bien. Ce sont de pauvres diables! Mais je m'égare. Que te disais-je donc?

— Que tu ignoras toujours les théories.

— Ah! oui!

Et, se recueillant un instant, il continua :

— Pour exécuter, en beauté, une fresque, une statue, un poème, ou une paire de bottes, il ne suffit pas d'avoir des dons naturels : il faut posséder la science de ce que l'on fait. Telle est la théorie; il n'y en a pas d'autre. C'est la science qui nous libère du servilisme des imitations, qui nous donne la personnalité, ce que tu appelles le tempérament, ce que j'appelle, moi, le style. Or, la science ne s'acquiert que lentement, et par le travail acharné. Je travaillai donc, naïf et passionné; je mis dans le travail tout ce que j'avais de forces, de jeunesse, d'enthousiasme, d'amour. Assidu chez mon maître, docile à son merveilleux enseignement, je vis, peu à peu, et avec quel éblouissement! le monde des formes s'ouvrir devant moi. Ce qu'avait commencé mon maître, c'est-à-dire l'assouplissement de ma main et l'éducation de mon œil, la nature l'acheva. Je puis dire que je ne regardai qu'elle, que je me baignai véritablement en elle. La vie me fut un perpétuel enseignement et une émulation permanente. Je n'en connus pas d'autre. Ah! pour un esprit sensible et visionnaire, quel rêve! avec ses déformations, ses lignes brisées et flottantes, ses désordres fiévreux, ses aspects de paysages malades, vaut le spectacle, splendide et sain, robuste et charmant, de cette vie multiple, changeante, toujours harmonieuse à elle-même, où, à chaque minute qui sonne, à chaque pas que vous faites, vous vous heurtez à de la beauté! Comment peut-on concevoir qu'il existe des gens assez stupides, assez aveugles, assez brutes, pour aller chercher des inspirations d'art en dehors de la vie, la vie directe qui passe sans cesse nouvelle par la ligne, de plus en plus riche en trésors d'expression plastique et de joie picturale?

Ah! oui, j'ai regardé la vie, avec quelle passion, avec quelle ivresse de jour en jour accrue, mais aussi avec quelle désespérance de me sentir si faible, si petit, pour en fixer, comme je l'aurais voulu, le resplendissement! Oui, j'ai regardé la vie, rien que la vie, et j'ai vu autour de moi de la pureté, de la foi, de l'extase, de la joie, de l'amour, du péché et de la douleur, et toujours et rien que du dessin. Je m'efforçai de rendre les différents aspects des visages humains, non dans leur signification littéraire et psychologique, qui n'est point dans la mission du peintre, mais dans leur expression purement pittoresque et ingénument plastique. Du symbole, du rébus mystique, de l'intention intellectuelle, je m'en gardai comme de la peste, comme de la laideur. Et, si j'ai apporté quelque chose de nouveau dans mon art, ainsi qu'on veut bien le reconnaître; si je suis arrivé à l'expression de sentiments que la peinture n'avait pas encore exprimés; si j'ai su grouper mes personnages selon des harmonies neuves et donner aux attitudes de mes madones des élégances, des grâces, des inflexions dont on dit qu'elles sont miennes, c'est parce que j'ai serré de plus près la nature et que mon dessin, mieux assoupli, a plus exactement épousé les formes de la vie.

Botticelli se tut un instant, mâcha un pétale de rose qui avait volé sur son manteau, et il reprit :

— Tout à l'heure, je t'ai parlé injustement de M. Robert de la Sizeranne. C'est qu'il me semblait qu'il avait eu trop de complaisances admiratives envers ces affreux préraphaélites. J'avais tort. Car voici que je me souviens maintenant de ce qu'il écrivit : « Induire l'art plastique à exprimer l'âme humaine, c'est tout simplement le supprimer. » C'est évident! Et encore : « Du moment qu'une peinture est idéographique, elle se condamne à ne plus être hautement esthétique. » Excellemment dit. Et enfin : « Gardons-nous surtout des théories qui donnent à l'artiste une autre mission que celle d'exprimer le Beau, le Beau sans phrases, le Beau sans intentions, le

Beau sans apostolat. » Rien n'est plus vrai; rien
n'est plus conforme à la vraie, à la noble, à la
haute peusée de l'art. Et jamais, tu entends,
jamais, je n'ai compris le mien autrement.
Jamais je n'ai été ni un littéraire, ni un intellectuel, ni un apôtre. J'ai été un peintre, sans
plus.

Jusque-là, le vieux maître était resté calme.
Tout à coup, il s'anima; sa voix s'enfla en ton-
nerre; son visage, qui n'exprimait que de la
tristesse douce, se rida de grimaces furieuses et
il clama, en faisant des gestes désordonnés :

— Alors, pourquoi tous les barbouilleurs, tous
les gâcheurs de couleurs, tous les symbolistes,
pourquoi les mystiques larvoyants, et les kabba-
listes, et les préraphaélites, et les démoniaques,
et les embryogénistes, pourquoi tous ceux qui
font des vierges putrides, des princesses inassou-
vies, des amantes insexuées; par suite de quelle
folie tous ces ignorants, et tous ces fous et tous
ces fumistes, qui ne savent ni peindre, ni dessiner, qui ne savent rien, se réclament-ils de
moi? Par quelle incompréhensible aberration
m'adorent-ils? Car ils m'adorent, ces cuistres. Je
suis leur dieu, une sorte de dieu tour à tour
obscène et angélique, ni homme ni femme, avec
des lis bourrant mes plaies et des ostensoirs
fumants en guise de sexe. Ils m'e dressent des
autels dans les jardins, dans les parcs, dans les
lacs de leur àme ! Ma peinture, qui est, cependant,

la négation absolue de la leur, s'érige en religion
bizarre, dont les rites se heurtent et se contra-
rient caricaturalement. Botticelli!. Botticelli! On
n'entend que mon nom parmi les fumées, les cris
d'adoration, les soupirs d'extase, les ruts forcenés,
les plaintes des martyres. Et, dans ces bouches,
ce nom ricane comme une bêtise ou grimace
comme une saleté! Pourquoi, aussi, descendu
des ateliers de Montmartre dans les salons des
snobs, et des salons dans les bouges, et des
bouges dans la rue, ne suis-je suivi partout que
par le cortège satanique des uranistes et des les-
biennes? Pourquoi les femmes arborent-elles sur
leur front le bandeau de mes madones si pures et
si tristes? Pourquoi m'avoir choisi pour mener
ce carnaval, moi, plutôt que Ghirlandajo, avec
l'énigme qui fleurit aux lèvres de ses vierges?
plutôt que le divin Piero della Francesca dont le
charme est si étrange? Est-ce que ces péronnelles
n'auraient pu relever leurs cheveux à la manière
d'Isotta de Rimini et se couvrir la nuque de sa
coiffe de perles? Et Luini, et Filippino Lippi,
et Angelico, et jusqu'au vieux Cimabue? Est-ce
qu'ils n'auraient pu leur fournir des modèles de
coiffures et des rites d'attitudes? Pourquoi moi,
moi, moi toujours? Ah!. nom de Dieu! J'en ai
assez de ma gloire! Je ne veux plus de mon
immortalité qui porte le stigmate de toutes ces
sottises et de tous ces vices. Qu'on me l'enlève!
Je ne peux plus sentir sur moi l'approche de

ces lèvres polluées, ni la fétidité de ces baisers, ni surtout l'indélébile encrassement de cette bêtise ! Je réclame l'obscurité et le silence ! Oh ! m'appeler Dagnan-Bouveret !... ou Horace Vernet ! ou n'importe qui ! Ou ne pas m'appeler du tout ! Quel rêve !

Botticelli s'arrêta de parler. Il était haletant. Il appuya sa tête contre ses mains, et longtemps, longtemps il pleura. Et, tandis qu'il pleurait, un bruissement qui, bientôt, devint une musique, emplit le bois de ses ineffables sonorités. Et tout chanta, les fleurs, les insectes et les oiseaux. Et ils disaient :

— Que t'importe, puisque nous t'aimons, nous qui sommes les fleurs parfumées, les beaux insectes aux ailes d'or, les oiseaux musiciens ! Ce dont tu pleures passera comme tout passe de ce qui est vain et méchant. Et il ne restera de ta mémoire si pure, à travers les âges, que l'enchantement de notre amour, parce que, plus qu'aucun autre, en des œuvres immortelles, tu auras aimé, célébré la vie adorable, et l'éternelle Beauté qui ne change pas.

(*Le Journal*, 4-11 octobre 1896.)

L'HOMME AU LARGE FEUTRE

William Morris, qui vient de mourir, fut bon poëte, dessinateur ingénieux, typographe médiocre, tapissier de goût, ébéniste pas toujours bien inspiré, teinturier savant et novateur, conférencier éloquent, commerçant habile, et son socialisme récent, malgré sa forme didactique se montra aussi vague qu'avait été confus son anarchisme ancien. Il fut bien autre chose encore que ce que j'ai dit, car il avait touché à tout avec plus ou moins de bonheur. Artiste incontestable, jamais il ne fut l'homme d'extraordinaire génie que de trop naïfs ou trop enthousiastes amis avaient célébré en sa personne. « Voir Londres et puis Morris », était un dicton inventé par d'excessifs admirateurs qui, en ces derniers temps surtout, avaient fait de cet homme intéressant quelque chose comme une curiosité de voyage et un pèlerinage de snobisme. Mais il

n'était pas facile de le voir, ni à sa petite boutique d'Oxford-Street, ni à sa maison de campagne, décorée de merveilleux jardins en terrasses, ni autre part. Comme un souverain,
il s'entourait de beaucoup de majesté et de
beaucoup de mystère. Mieux que personne,
il savait exciter l'ardeur des pèlerins et des
néophytes par toutes les difficultés des prélimi-
naires et des négociations dont une simple visite
était le prétexte coutumier. Cela révélait tout
un système d'existence très combiné, plus qu'un
naturel désir de se dérober à l'importunité des
gens. Il y avait bien de l'orgueil, bien de la
roublardise aussi, dans cette âme de poète et de
négociant.

En art, du moins dans l'arrangement de ses
meubles, étoffes et papiers de tenture, et dans
l'ornementation de ses éditions, — car, en poésie,
il reculait vers des époques plus lointaines et de
plus ténébreuses Scandinavies, — William Morris n'avait pu sortir du quinzième siècle, et il
ramenait tout au gothique en le rapetissant et le
refroidissant, selon une esthétique un peu bien
sèche qui est dans le tempérament, ou plutôt
dans la mode anglaise d'aujourd'hui. Sa plus
forte erreur aura été en ceci qu'il avait la volonté,
puérile vraiment, d'exprimer l'âme humaine
dans les mille et mille objets qui servent à
notre existence journalière, tels qu'une paire
de pincettes, un bourdaloue, un porte-manteau.

Il exigeait, arbitrairement, d'un chenet, par
exemple, qu'il fût une idéographie avant d'être
un chenet, et qu'un coffre à charbon contînt, non
du charbon, mais les plus abstraits symboles.
C'est pourquoi il n'est arrivé, le plus souvent,
qu'au bizarre, compliqué et glacial, sans avoir
pu atteindre à la beauté pure, laquelle n'a
pas d'autre mission, en ce monde, même par
l'intermédiaire d'un éteignoir en cuivre ou d'une
serrure en argent, que d'être de la beauté,
sans plus.

Son esprit qui, par bien des côtés, fut, sinon
un très grand, du moins un très sensible esprit,
n'avait pu, cependant, accepter cette vérité
éternelle et si simple. Aussi, quand il intro-
duisit dans l'art des motifs nouveaux, quand
il eut l'idée de se servir de fleurs, notam-
ment, dont personne avant lui n'avait deviné
l'expression décorative, il gâta cette invention
par un parti pris linéaire de synthèse gothique,
qui en restreint le style à de l'imitation et,
par ce, en diminue considérablement la portée
novatrice.

Mais, en dépit de ces constatations, je reconnais que la multiple activité de William Morris,
et son action propagandiste, n'auront pas été des
choses indifférentes. Nous lui devons beaucoup.
Nous lui devons d'avoir tenté de remettre en honneur le travail manuel, par quoi l'homme s'enno-
blit, par quoi l'ouvrier devient un être conscient

et s'élève jusqu'à l'artiste. Nous lui devons aussi
d'avoir ressuscité un art important et charmant,
qui est l'art tout court, beaucoup plus que le
tableau dans son cadre ou la statue sur son socle,
l'art qui fleurit la maison et embellit la vie,
l'art qui est, à la fois, un constant exemple
de politesse sociale et de moralité humaine,
et qui, de plus en plus, se perd sous l'envahissement de la barbarie industrielle, laquelle met
la laideur à la portée de toutes les bourses, cor-
rompt le goût public et chasse de nos intérieurs sans joie jusqu'au souvenir même de la
beauté. Et si nous avons à profiter grandement
de cette impulsion généreuse et réparatrice,
dont William Morris a été le véritable initiateur,
à la suivre, à la développer socialement et
esthétiquement, nous avons aussi à la corriger,
à l'épurer dans un sentiment plus proche de
la nature.

Je me suis toujours méfié des gens qui ne s'ha-
billent pas comme tout le monde. Jamais je ne
ferai mon ami de quelqu'un qui, pour protester
contre son temps, ou pour se distinguer de la
foule, n'imagine pas de meilleur moyen que de
révolutionner la forme de son habit, la couleur
de son gilet et de se pavaner, par les rues, dé-
guisé en comparse de cirque, en figurant de

cavalcade. Cela m'a toujours semblé d'une âme
petite, vulgaire, impuissante. Il y a tant d'autres
manières, et plus nobles et plus fécondes, la
parole, l'écrit, l'action sociale quelle qu'elle soit,
de manifester son mécontentement, sa révolte,
ou son originalité ! Il m'est impossible de croire
à la sincérité, et même à la réalité de celui qui
n'est pas vêtu comme moi. En revanche, je vois
très bien ce qu'il y a en lui de vanité bébête,
d'idéal perverti, d'inexistence spirituelle. Et cela
suffit pour que je m'éloigne. Passe encore pour
les jeunes gens dont ces folies passagères de-
meurent, le plus souvent, sans conséquences
fâcheuses. Mais, quand cela devient un rite d'existence affiché et raisonné, si je vois des cheveux
grisonner sous des feutres à plumes, et des mol-
lets s'avachir dans de persistantes chausses de
carnaval, je me détourne de ce spectacle comme
d'une bêtise ou d'une saleté, et soyez sûr qu'il
cache l'un ou l'autre, quand ce n'est pas les deux
ensemble.

William Morris n'était pas exempt de cette
manie, indigne, je dois le dire, de son intelligence qui, parfois, s'éleva sur les hauteurs. Il se
jugeait d'une essence trop supérieure pour ha-
biter des pantalons contemporains ; et sa beauté
morale ne s'accommodait point du bourgeoisisme
dix-neuvième siècle de nos redingotes. Son cerveau, hanté de rêves scandinaves et de gothiques
épopées, répugnait à s'emboîter dans le tuyau de

poêle de rigueur; il regrettait les feutres à panache et les casques d'or. Mais il comprenait
qu'il ne pouvait, sans danger, arborer, parmi les
foules ironistes, ces héroïques couvre-chefs maintenant réservés aux dentistes de la foire ou relégués aux vitrines des musées. Il s'était donc
composé un costume centre-gauche qui rappelait
un peu les lointaines époques en lesquelles il
aimait à revivre sans trop s'éloigner de la sienne
où il vivait réellement. La partie la plus originale de ce costume était un immense chapeau
mou, large de bords comme un parapluie, et
décoré d'une cordelette de soie à trois glands.
Par le reste il ressemblait fort au costume
actuel de nos bicyclistes, sauf qu'il s'était taillé
dans un velours précieux rehaussé de soie.
Mon Dieu! cela n'était guère fracassant, et
une prudence avisée corrigeait ce qu'il pouvait avoir d'excentricité somptuaire. Mais cela
attirait tout de même l'attention et suffisait pour
que l'on ne confondît point l'homme qui portait
ce costume avec quelque piètre et vulgaire
cockney.

C'est en cet appareil que je le vis, un jour que
j'étais venu visiter son magasin d'Oxford-Street.
Il avait une fort belle figure, des yeux profonds
et ardents et de longs cheveux qui, sous l'immense chapeau à trois glands, déroulaient, selon
des lignes préméditées, leurs grisonnantes boucles. Mais ce costume, non moins que cette ma-

jesté d'emprunt, et, disons-le, l'affectation dé cette pose cabotine, altéraient jusqu'au ridicule l'expression de sa mâle beauté. J'examinai les papiers, les étoffes, les bibelots, les reproductions, en toutes matières, des tableaux, dessins et sculptures de M. Burne-Jones — son ami et souvent son collaborateur, — dont la boutique était pleine. Et comme un bougeoir de cuivre, d'une forme d'ailleurs ancienne et copiée strictement sur un modèle de Kensington, me plaisait, j'en demandai le prix et je l'achetai. Dès qu'il eut su qui j'étais, William Morris défendit qu'on me le livrât. Il expliqua que je n'étais pas digne de posséder ce bougeoir, pour avoir, en des articles sacrilèges, maltraité M. Burne-Jones, un génie et un saint. Je me consolai de l'aventure en pensant que cette admirable intransigeance de négociant, qui s'affirmait si hautement devant un humble achat de trente francs, eût aisément capitulé devant une plus importante commande. Je n'en tentai point pourtant l'expérience.

Et puis l'on n'a pas été préraphaélite pour rien.

Le préraphaélisme ne fut pas seulement une école de peinture médiocre et rétrograde : il fut aussi une sorte d'uranisme psychique, et l'on y considéra toutes choses à l'envers de la vie. C'est

par là que son influence aura été le plus funeste.
Jamais l'artificiel et le précieux, et le mystique,
et la pose de l'étrange et la folie du sentimenta-
lisme contre nature, et le besoin de se perpétuellement mentir à soi-même, ne furent poussés plus
loin dans ce qu'ils appelaient le décor de leur
existence matérielle et spirituelle, que par ces
bienheureux Frères Préraphaélites qui, à tout
prendre, furent d'insupportables farceurs, et
quelques-uns, d'assez mornes « fumistes ». Cette
histoire du préraphaélisme n'est pas faite. Nous
n'avons sur lui que des témoignages intéressés,
c'est-à-dire des mensonges. M. Whistler, qui eut
à en souffrir, qui le connaît dans son origine
et son développement, et qui, par sa péné-
trante intelligence, par son admirable, et si vivant
et si humain talent, me semble plus dans la
réalité des choses que Ruskin avec son éloquente et fastidieuse incompréhension, et son
mysticisme intolérant et borné, pourrait seul,
aujourd'hui, écrire cette histoire et raconter
comment il est arrivé qu'une si petite réunion
d'hommes, individuellement artistes, certes,
aient pu en s'affolant l'un l'autre, et l'un
par l'autre, répandre dans l'art et dans la vie
un tel prodige de folies esthétiques et d'erreurs
morales.

Et il est triste de penser que des hommes,
doués comme l'était Dante-Gabriel Rossetti de
toutes les généreuses ardeurs de vivre, de toutes

les séductions joyeuses, de tous les talents, aient
sombré dans un tel cabotinisme, devenu à la
longue une habitude impérieuse, et comme une
nouvelle nature d'où l'on ne peut plus s'évader.
Tant il est vrai que les mystificateurs sont toujours les premières victimes de leur propre mystification, et qu'à singer la folie, la folie, un jour,
vient, qui vous saisit, vous terrasse et ne vous
lâche plus.

***

Mais il faut être juste et ne pas systématique-
ment rejeter d'une idée, même mauvaise en soi,
ce qu'elle peut offrir de bon. Si le préraphaélisme
a exercé une influence déplorable sur la peinture
contemporaine en déclarant doctrine d'art l'horreur de la nature et le mépris de la vie ; s'il a, par
son mysticisme ambigu et son érotisme mal
famé, perverti des milieux sociaux, en somme
restreints, et qui ne demandent qu'à être per-
vertis, d'une manière ou d'une autre, pourvu
qu'ils le soient à fond, on ne doit pas oublier que
c'est de lui que sortit ce mouvement de renaissance dans l'art de la décoration, si absent
des préoccupations de notre siècle. Il aura eu au
moins le mérite — et William Morris y aura particulièrement aidé, — de cette rénovation artistique et sociale. Je ne veux pas discuter davantage l'emploi qui en a été fait jusqu'ici. Certes,
il y a beaucoup à dire et beaucoup à réaliser

encore. Et, quoique tous ceux qui en France et en Angleterre continuent l'œuvre de William Morris, n'aient pu encore se décrasser de la tache originelle, il faut espérer que, de ces essais, bien confus encore, de ces tâtonnements, il sortira un jour quelque chose de beau, peut-être!

(*Le Gaulois*, 23 octobre 1896.)

TABLE DES MATIÈRES

PARIS. — L. MARETHEUX, IMPRIMEUR, 1, RUE CASSETTE.